Viver de Luz

EDITORA

Para todos aqueles
interessados em se sintonizar com
seu potencial máximo.

Para aqueles que têm a coragem de permitir
à Centelha Divina que existe dentro de si
sustentá-los
e...

Para aqueles que conseguem dar a si mesmos
a permissão para ser tudo o que podem ser.

O objetivo deste livro é informar, instruir e entreter. Este livro não foi escrito com a intenção de substituir a assistência médica. Nem a autora, nem o editor e/ou distribuidores podem ser responsabilizados ou processados por qualquer perda ou dano – direto ou indireto – que possa resultar das informações contidas neste livro. A nossa intenção é apenas informar sobre um método de purificação já alcançado por inúmeras pessoas no mundo inteiro, crendo, entretanto, que os riscos eventualmente decorrentes não podem ser devidamente acompanhados, pois não há ainda no Brasil pessoas responsáveis pela prática deste método.

As pessoas interessadas em aprofundar-se sobre este assunto deverão contatar diretamente a autora:

JASMUHEEN
Self Empowerment Academy
PO Box 737
Brisbane 4069 Australia
www.selfempowermentacademy.com.au

Jasmuheen

Viver de Luz

A Fonte de Alimento para o Novo Milênio

tradução: *Dinah Abreu Azevedo*

3ª edição
2011

EDITORA AQUARIANA

Título original: *Living on Light - The Source of Nourishment for the New Millenium*

Copidesque: *Sandra Garabedian*
Revisão: *Antonieta Canelas*
Diagramação: *Eliane Alves de Oliveira*
Capa: *Niky Venâncio*

CIP-BRASIL. CATALOGAÇÃO-NA-FONTE
SINDICATO NACIONAL DOS EDITORES DE LIVROS, RJ

V842
3.ed.

Viver de luz : a fonte de alimento para o novo milênio / [canalizado por] Jasmuheen ; tradução Dinah Abreu Azevedo. - 3.ed. - São Paulo : Aquariana, 2011.

Tradução de: Living on light : the source of nourishment for the New Millenium
ISBN 978-85-7217-064-2

1. Jejum. 2. Exercícios respiratórios. 3. Auto-realização (Psicologia). I. Jasmuheen, 1957-.

11-0676. CDD: 158.1
CDU: 159.947.3

03.02.11 04.02.11 024341

Editora Aquariana Ltda.
Av. Santa Catarina, 619 - Sala 14 - Vila Alexandria
04635-001 São Paulo - SP
Tel.: (11) 5031.1500
vendas@aquariana.com.br
www.aquariana.com.br

Sumário

Apresentação

Redigir o prefácio da edição brasileira do livro de Jasmuheen é motivo de grande alegria, após mêses de inquietação sobre como seria recebido o trabalho desta encantadora alquimista moderna. Meu desejo, acima de tudo, era que os leitores brasileiros pudessem ter a mesma sensação de leveza e doçura que tive quando começei a folhear este exemplar em uma livraria de Londres. Mais tarde, ao concluir a leitura do livro, a identificação com esse trabalho se aprofundou, porque foi de encontro ao meu propósito de soluções terapêuticas para pacientes e alunos usando as técnicas dos assim chamados “fenômenos invisíveis”.

Ávida consumidora de novas idéias a esse respeito, Jasmuheen trouxe de forma concreta a possibilidade de vivenciar experiências que até então pareciam destinadas às pessoas especiais, como gurus, iogues e mestres espirituais.

De forma simples e clara ela nos traz informações que podem beneficiar as pessoas comuns no trabalho de reorganizar o corpo emocional e mental com o objetivo de manifestar o que se chama de uma vida paradisíaca na terra.

O que para muitos pode parecer um sonho ilusório está se tornando real no cotidiano de inúmeras pessoas ao redor do globo que estão se sintonizando com frequências vibracionais mais elevadas.

Os conhecimentos espirituais de professores como Jasmuheen são fundamentais para nos ensinar como fazer contato com estas freqüências, trazendo mais equilíbrio para nossas vidas.

As informações estão divididas em capítulos que resultam nitidamente das influências recebidas pela autora tanto a nível dos autores espirituais como da orientação interna advinda de canalizações de mensagens dos mestres ascensos. Só então na parte final ela nos relata o processo dos 21 dias que têm sido experienciado de maneira pioneira por inúmeras pessoas. O resultado desta vivência é o despertar de uma vida completamente ilimitada e conectada com a sua natureza superior.

Acredito que o relato contido neste livro é especialmente indicado ao leitor de mente aberta , em constante busca de novos horizontes com o objetivo do auto-conhecimento e do desenvolvimento pessoal responsável.

Sandra Garabedian Shannon

Prefácio

É engraçado, mas quando você está realmente decidido a fazer uma coisa, ela não dá sossego! É como aquele boneco de mola que não pára de saltar de dentro da caixa de surpresas dizendo "oi" ou "buu", conforme o caso. Você fecha a tampa e aí, pronto, ele pula de novo!

Acho que é assim com este livro e com todo o processo pelo qual eu, e agora muitos outros vivenciamos, até deixar o corpo físico ser sustentado e alimentado exclusivamente pela Luz.

Embora minha incumbência, recebida em setembro de 1995, fosse produzir um pequeno manual de informações a respeito de Viver de Prana, nunca tive o desejo de "vender" abertamente a idéia ou minha experiência, nem de ajudar ninguém a passar fisicamente por esse processo. Também não fazia parte de meu trabalho aqui, naquela época.

Depois de passar pelo "processo" (descrito mais adiante com detalhes) em junho de 1993, entrei num período de quase seis meses de recolhimento. Meditava - muitos dias durante quase 3 horas - escrevia meu diário e, em geral, procurava abrir os canais de comunicação para que minhas diretrizes internas pudessem fluir de maneira clara e vigorosa.

Durante essa época, comecei a canalizar e receber instruções muito claras de meu Eu Divino em relação à "missão" e ao sentido dessa minha encarnação. Fundei a *Self Empowerment Academy* (Academia de Promoção do Poder Pessoal), comecei a dar aulas sobre a Arte da Ressonância e a fazer seminários sobre tudo o que conseguira elaborar. Viajava para onde me convidavam.

Em meados de 1995, fui convidada para participar da Reunião Internacional dos Mestres no lago Taupo, na Nova Zelândia. O convite foi feito especificamente para eu falar a respeito de minhas experiências em relação a viver de Prana. Esse é um tópico sobre o qual não pensei durante algum tempo e outras informações tinham vindo à tona desde que eu escrevera as notas que constituíam o capítulo 27 do livro *The Art of Resonance [A Arte da Ressonância]*.

Acredito que muitos de nós que passaram pelo processo de 21 dias naquele junho de 1993 não tinham a menor idéia da polêmica que se abateria não só sobre nossa comunidade de trabalhadores da Luz, mas sobre todas as comunidades de Melbourne, Adelaide, Perth e Tasmânia, e provavelmente outras que não conheço.

Muita gente reagiu ao processo de 21 dias dizendo que você não pode "abrir seu caminho para a Ascensão com o jejum". Outros acharam que não tinham condições de viver sem comida. Alguns chegaram a me oferecer dinheiro em troca da permissão de me seguir por toda a parte para provar que eu não estava comendo escondido. O processo desencadeou muitas dúvidas e medo, muitas críticas e censuras.

Várias pessoas passaram pelos 21 dias e depois voltaram a uma dieta mais leve de legumes, verduras e frutas frescas, e outras retomaram sua alimentação habitual. No entanto, embora aqueles que tenham passado pelo processo de 21 dias se desenvolvam de formas diferentes, dependendo de suas próprias expectativas e sintonia, os que continuam nesse processo estão sendo evidentemente alimentados pela Luz.

O processo de 21 dias não gira em torno do jejum. Gira em torno de entrega e de confiança. Gira em torno da sintonia com níveis vibratórios mais elevados que nos permitem sermos sustentados pela Luz Cósmica. Gira em torno da percepção de que há uma possibilidade oferecida a nós aqui e agora.

Não é tampouco um processo de negação. Durante os últimos anos, muitas vezes fui orientada pelos Mestres no sentido de parar até mesmo de ingerir líquidos. Eles me asseguraram que o corpo só precisa da "Luz Líquida". Mas eu gosto de me reunir com os amigos para tomar uma xícara de chá e – no momento em que escrevo – ainda não dominei meu tédio intermitente com a ausência dos sabores. Quando consigo parar de beber sem sentir que estou me negando algo, eu paro, pois desejo dar todos os passos do caminho com alegria e conforto, com facilidade e graça.

Depois que a excitação inicial de descobrir que podemos ser sustentados pelo prana começou a diminuir, e também por causa das intensas reações negativas de muitas pessoas, parei de conversar sobre o assunto e até mesmo de mencionar esse aspecto de minha jornada. Era bom para mim e, por isso, fiquei com ele, mas via que, para a maioria das outras pessoas não era nem uma possibilidade remota, pois o prazer obtido com a comida é imenso em nossa sociedade ocidental. Muitos, descobri, não comem para viver; vivem para comer.

Os Mestres Que Ascenderam – com os quais me comunico telepaticamente – dão-me visões de um mundo sem fome, sem um mercado de gêneros alimentícios e sem agricultura, exceto o cultivo praticado em nome da beleza, não da necessidade. Imagine quantos bilhões de dólares poderiam ser desviados para outras coisas se todos acreditassem que podem ser alimentados exclusivamente pela Substância Universal, pela Luz de Deus?

A transformação pessoal e social nasce dos sonhos e visões das pessoas, da ousadia de explorar novas possibilidades. Em relação a mim, essa jornada tem exigido muito disciplina e fé, pois não há um manual de consulta para ler, nenhum terapeuta para me informar sobre as mudanças do corpo com base em sua experiência pessoal. Devido às reações de medo e censura mencionadas acima, acabei continuando meu caminho em silêncio e só conversando sobre alimentar-me de prana quando alguém queria sinceramente saber algo a respeito. No entanto, à medida que viajava dando seminários e palestras, as notícias espalhavam-se e, em meados de 1995, descobri que aproximadamente metade dos que participavam de *workshops* estavam realmente querendo mais informações.

Descobri também que, durante ou logo depois de meus seminários, muita gente, por vontade própria, começava o processo que descrevi – em geral com pouquíssimas informações. As informações não dão somente poder, dão opções. O propósito deste livro é dar o maior número possível de informações para ajudar as pessoas a fazerem essa viagem da maneira mais fácil que puderem.

Uma questão que é preciso deixar clara desde o começo é que esta é uma viagem somente para aqueles cujo coração os orienta no sentido de empreendê-la dessa maneira em particular.

Uma das coisas que as pessoas que desejam fazer essa viagem precisam entender é que nossas crenças são os únicos elementos que realmente nos limitam. Temos a capacidade e a oportunidade de criar uma realidade que nos permite realizar o potencial máximo de nossa vida. Quando nossa vida não está sendo vivida no sentido de realizar o seu potencial máximo, de acordo com nossas expectativas e padrões pessoais, talvez seja hora de examinar nossos sistemas de crenças e ampliar ou mudar o quadro de referências de nosso entendimento. O modelo que criei abarca uma realidade de leis universais, de faixas energéticas de consciência, Seres de Luz e Ascensão; muda à medida que me desenvolvo e desperto novamente para minha própria divindade. Meu modelo me permite experienciar a vida como uma viagem de assombro e felicidade e reconhecer quem sou de fato. Não importa onde a gente esteja, ou em que plano de expressão a gente se concentra, uma vez que tudo está interconectado. Tudo é Um. Não há separação, exceto aquela que optamos por criar.

Vista dessa perspectiva, a capacidade de viver de luz acrescenta uma faixa adicional de liberdade à existência e que intensifica incrivelmente o nosso poder.

Durante minha viagem, conheci muitos indivíduos interessados em alimentação prânica de um ponto de vista dietético e que não estão particularmente sintonizados com o paradigma do Mestre Ascenso. Outros, embora compreendendo a existência de várias faixas de energia e da realidade de "outras formas de vida", acharam que passar por um processo de 21 dias consome tempo demais ou é extremo demais, e mostraram interesse por um caminho "mais suave". Para eles, nesta edição, incluo um capítulo sobre Outros Caminhos.

Nesta edição revisada incluí também mais informações sobre a sintonia, o sistema dos quatro corpos e das freqüências vibratórias. Pensei inicialmente que as pessoas atraídas por este livro seriam naturalmente instrumentos afinados e que teriam o tipo de entendimento de que trata meu livro *The Art of Resonance*, mas depois descobri que nem sempre é assim.

Portanto, se as informações e o teor deste livro atraíram você, peça diretrizes de qual é seu próximo passo em sua meditação e momentos de contemplação. Leia também as diretrizes do capítulo que tem a contribuição de Charmaine Harley.

Outubro de 1997

Repito: a decisão de passar pelo processo mencionado aqui deve vir de seu próprio coração. Você deve sentir que é o certo para você. Entenda que esta é potencialmente uma das coisas mais importantes que você vai fazer na vida e que, se se preparar para ela de uma forma apropriada, você nunca mais será o mesmo. Sua vida vai mudar, sua perspectiva vai mudar, e muitas outras coisas vão mudar.

Atualizo de novo este diário. Primeiro para mudar o nome de Prana & Imortalidade para Viver de Luz, pois essa expressão reflete nosso trabalho de forma mais acurada e, em segundo lugar, para incluir o artigo a respeito de auto cura, para que você possa sintonizar-se na fase preparatória do processo, e Transmutação, para lhe dar alguns conselhos para depois do processo. Como sempre, encorajamos você a usar seu discernimento e escolher o que lhe parece certo lá no fundo de seu coração. A essa altura, talvez não faça parte de seu projeto de vida fazer parte disso, mas faz parte do meu fazer você ficar sabendo que essa possibilidade existe!

CAPÍTULO 1

Energia:

O Sistema dos Quatro Corpos, a Energia do Fóton e o Corpo Enquanto Sistema Energético

Consegui entender que o processo pelo qual eu e muitos outros passamos para permitir ao corpo ser sustentado pela Luz está relacionado com a utilização da energia do fóton e é um processo semelhante ao da fotossíntese. Em vez de absorver a energia do sol como fazem as plantas, desenvolvemos a capacidade de entrar em contato – e absorver diretamente – a Força Vital Universal, energia ou "chi" (para os chineses) para dentro de nossas células. Isso ocorre através do domínio da mente, onde o controle e a expectativa fazem uso da Lei Universal da Ressonância, por meio da qual os semelhantes se atraem. Em outras palavras, como espero que as forças prânicas me alimentem e sustentem depois de ter passado pelo processo de 21 dias, tal como o apresento nos capítulos que se seguem, elas me alimentam de fato.

A capacidade de viver exclusivamente de prana é uma conseqüência natural de nos tornarmos um instrumento afinado. A pesquisa da medicina holística revela que os seres humanos existem numa realidade física, naquilo que é chamado de sistema de quatro corpos – o corpo físico, o corpo emocional, o corpo mental e corpo espiritual. De forma simplista, poderíamos dizer que esses corpos podem ser comparados a um violão de quatro cordas. Quando os quatro corpos não estão sintonizados uns com os outros, experienciamos graus variados de doença física, emocional ou mental, ou insatisfação com a vida. Quando eles estão afinados, a vida fica mágica.

Quando esses corpos inferiores (chamados de inferiores por causa da freqüência mais lenta de suas vibrações) estão sintonizados com a freqüência dos corpos superiores, os seres humanos podem de fato realizar o seu grau máximo de potencialidade nessa vida. Telepatia, clarividência e a capacidade de viver sem comer – e até sem dormir – são apenas os subprodutos naturais de ser um instrumento afinado.

Vamos desenvolver mais o conceito de energia. A energia – segundo o dicionário Oxford, é a "capacidade que a matéria ou radiação tem de realizar um trabalho". Segundo Stephen Hawking, em *A Brief History of Time [Uma Breve História do Tempo]*, a expressão "conservação de energia" refere-se à lei da ciência que afirma que a energia (ou seu equivalente em massa) não pode ser criada, nem destruída – mas pode mudar de forma, e muda realmente.

Segundo o dr. Deepak Chopra em seu livro *Ageless Body, Timeless Mind [Corpo Sem Idade, Mente Sem Fronteiras]*, mais de 99,9% de todo átomo é espaço vazio, e as partículas subatômicas que se movem a grande velocidade através desse espaço são feixes de energia vibratória que transportam informações e codificações únicas. A isso ele dá o nome de "não-substância pensante", pois é algo que não pode ser visto com os olhos físicos.

Para construir a vida a partir da matéria inerte, a energia e as informações têm de ser trocadas por meio do RNA e do DNA, para que a estrutura celular seja criada. O fluxo dessa Inteligência é o que nos sustenta e é o que o dr. Chopra chama de Campo Universal. Ele afirma que o mundo físico é apenas um espelho de uma Inteligência mais profunda que organiza a matéria e a energia, e que também reside em nós. Isso significa que todos nós somos parte de um todo maior – uma teia cósmica. Embora sejamos únicos em nossa individualidade, o terreno comum da energia pura que sustenta todas as células de nosso corpo liga-nos a todas as outras formas de vida e de existência do universo.

As religiões chamam essa energia de "Deus" ou "Supraconsciência" e acreditam que seja onipresente, onipotente e onisciente. A física quântica chama essa energia de "grande energia de unificação" e também acredita que ela está em toda a parte, é onipotente e onisciente. Os difusores da Nova Era dão outros nomes a essa energia – "Tudo O Que É", "Inteligência Divina" etc. Todos eles não passam de rótulos para descrever a mesma força ou poder.

Pensamentos, palavras e ações também são energia. A energia expande-se, contrai-se e muda de forma, e aquilo que emitimos volta para nós. Esse assunto é discutido com mais detalhes no meu primeiro livro, *The Art of Resonance [A Arte da Ressonância]* . Em termos religiosos, essa lei expressa-se num provérbio bíblico: "você colhe o que planta". Em termos energéticos, tudo é governado pela Lei Universal da Ressonância, segundo a qual os semelhantes se atraem.

Como já disse antes, os seres humanos têm quatro corpos "inferiores" de energia que vibram em freqüências diferentes: o físico (o único visível ou com aparência sólida diante de nossos olhos físicos), o emocional, o mental e o espiritual. Também temos corpos de energia superior. Eles são considerados superiores por vibrarem em freqüências mais elevadas. O livro de Barbara Ann Brennan, *Mãos de Luz*, fala muito detalhadamente desses corpos e campos energéticos, e recomendo sua leitura para os interessados.

Quando conseguimos colocar esses corpos energéticos num alinhamento ou harmonia perfeita uns com os outros, obtemos um "conhecimento" superior que inclui a vivência da compreensão do sentido superior de nossa existência à medida que tudo entra em seu devido lugar.

Esse estado de iluminação, procurado tão ansiosamente pelos estudantes do esoterismo oriental, é obtido por meio de total sintonia dos quatro corpos inferiores, de modo que eles não só vibram em perfeita ressonância uns com os outros, como também atingem um nível que permite à Alma ou Eu Superior – e, num estágio posterior, Eu Sou Presença, Deus Interior ou Consciência Crística – alojar-se integralmente dentro do corpo físico.

Resumindo: somos sistemas de energia e, como tal, transmitimos e emitimos sinais. Quando enviamos sinais aleatórios, temos experiências de vida aleatórias ou fortuitas. No entanto, quando controlamos deliberadamente nossos sinais, podemos, em conseqüência, conseguir um grau maior de controle sobre nossa vida. Se dermos mais um passo, sintonizando nossos corpos e realinhando nossas freqüências (os sinais de energia que transmitimos) numa escala mais pura e mais harmoniosa, poderemos então controlar a qualidade e intensidade de nossa vida e de nossas experiências.

Como este livro também contém informações sobre nossa imortalidade física, eu gostaria de incluir as seguintes reflexões sobre reencarnação: quando aceitamos o fato – comprovado pela física moderna – de que não é possível criar ou destruir a energia, mas que ela muda constantemente de forma, e quando vemos os seres humanos como sistemas energéticos dinâmicos, chegamos à conclusão lógica de que a teoria da reencarnação simplesmente reconhece a indestrutibilidade da energia. Embora nosso corpo físico possa deteriorar-se e morrer, a energia que o compõe e que o sustenta simplesmente muda de forma e continua existindo.

Qualquer pessoa interessada em explorar o conceito de reencarnação deve pesquisar o material de Edgar Cayce, conhecido como o mais fartamente documentado de todos os estudos que existem sobre essa questão.

A partir de minha experiência pessoal e de pesquisas cuidadosas na área de regressão a vidas passadas e futuras, sei que a gente é capaz de restabelecer o acesso à memória celular num plano da consciência onde o passado, o presente e o futuro existem num estado de simultaneidade temporal. Também sei que a reencarnação é um fato e, por isso, refiro-me esporadicamente a ela como tal ao longo de todo o livro.

Simplificando: a vida num corpo humano pode ser comparada a freqüentar uma escola. É um processo de crescimento e aprendizagem. Quando morremos, saímos do campo energético do corpo físico e, durante algum tempo, preservamos os campos energéticos dos corpos emocional, mental e espiritual. Estes são integrados num campo energético de consciência e nos permitimos tirar férias.

As férias são uma fase de reflexão, onde olhamos para o período letivo que acabou, vemos o que foi que aprendemos e se passamos em nossos testes ou fomos reprovados. Os testes pelos quais não passamos precisarão ser refeitos da próxima vez. Aí, então, começamos a planejar nosso próximo período letivo, selecionando o "currículo" e os assuntos que desejamos estudar.

Essa aprendizagem e esses testes estão relacionados com nosso crescimento enquanto seres espirituais, e as lições que temos de assimilar em geral estão ligadas a coisas intangíveis como empatia, amor, compaixão, servir o próximo etc. É também um período para entendermos as relações afetivas e a vida em geral num plano denso, material. Porque nós, as Centelhas Divinas, optamos por estar na escola da vida no planeta Terra é uma outra história.

Depois de aprendermos tudo o que há para aprender nessa escola e de passarmos em todos os nossos exames, vamos para outra instituição de ensino, rompendo assim o ciclo de reencarnações nesse plano terrestre.

De acordo com a Lei Universal de Mudança e Transmutação, nossos campos energéticos individuais continuam a mudar de forma constantemente, como a própria energia. No entanto, a mesma lei também afirma que a energia é indestrutível. Portanto, podemos concluir que nossos padrões energéticos pessoais são igualmente indestrutíveis. Ou, em outras palavras, podemos dizer que nossa "alma" é imortal.

A imortalidade física também é possível e nos permite continuar na mesma forma física, não apenas para completar esse ciclo de aprendizagem, mas para ficar e melhorar o currículo, se assim o desejarmos. Esse tópico é discutido no capítulo sobre Imortalidade.

Para muitos que optam por se alimentar de prana, a imortalidade física também é uma conseqüência natural de permitir que a Centelha Divina dentro de nós nos sustente e regenere, se assim o desejarmos.

Os discípulos de ioga muitas vezes me perguntam se é preciso praticar técnicas específicas de Kriya Yoga para introduzir as forças prânicas no corpo. Outros perguntam se precisamos passar algum tempo todos os dias à luz do sol. A resposta é simples: o prana nos sustenta automaticamente quando esperamos que o faça. Depois de 21 dias, o processo é natural e não requer nenhum outro tipo de concentração. Basta esperar, depois permitir; aí acontece.

Nosso corpo respira para nós sem nosso controle consciente. Da mesma forma, quando reprogramado, o corpo absorve as forças prânicas diretamente e nos sustenta e nutre completamente depois que eliminamos todos os sistemas de crenças que afirmam o contrário. Esse é um processo de controle mental, uma iniciação sagrada, da qual um subproduto natural é a pessoa não precisar mais ingerir alimentos. É uma viagem de refinamento sob a égide de forças poderosas, mas sutis.

Para obter uma compreensão melhor dos aspectos mais sofisticados de nossa natureza, precisamos explorar mais a idéia das vibrações e freqüências.

CAPÍTULO 2

A Compreensão e o Trabalho com Freqüências Vibratórias

Lembro-me de estar parada numa calçada, numa primavera ensolarada de Brisbane em meados dos anos 80, e perceber intuitivamente que precisava compreender melhor as vibrações e as freqüências. Naquela época, eu já meditava regularmente há 15 anos e, embora tivesse experienciado muitos e enormes benefícios com essa prática, de algum lugar bem no fundo de mim veio a percepção de que o próximo passo importante de minha viagem "espiritual" estaria relacionado à compreensão das faixas energéticas.

Foi a essa altura de minha pesquisa que entendi que nossos quatro corpos inferiores - físico, emocional, mental e espiritual - podiam ser comparados a um violão de quatro cordas. Quando todos os corpos ou campos energéticos estão afinados, nossa vida flui harmoniosamente e, quando estamos "desafinados", a vida fica desequilibrada. Percebi também que temos livre-arbítrio consciente para nos sintonizar ou não. Entender os corpos como sistemas de energia nos dá a opção de sermos instrumentos afinados e de criar a vida tal como a desejamos, em vez de nos acontecerem eventos aleatórios.

Como Annalee Skarin diz em seu livro, *We Are Gods [Somos Deuses]:*

"Aprenda a controlar as vibrações controlando os pensamentos, e você terá nas mãos as chaves da Vida Eterna. A energia eterna ondula por toda a matéria, o poder da existência nos átomos com suas moléculas e elétrons em redemoinhos por toda a substância terrestre não é nada mais, nada menos que vibrações condensadas até chegarem ao ponto da tangibilidade lenta, pesada, mortal. Se conseguir controlar as vibrações, você acaba desenvolvendo a capacidade de controlar a substância e a energia material, isto é, obtém as chaves para abrir as portas da Vida Eterna, pois energia é vida, e vida, luz, amor e energia são elementos eternos e são vibrações criadas pelo pensamento mental.

Todo pensamento emitido é uma vibração incessante voando por sua trajetória através do universo para trazer de volta exatamente o que foi enviado. Podemos controlar as vibrações que emanam de nós – e, desse modo, podemos controlar nosso destino. Por conseguinte, a ciência e a religião podem finalmente se dar as mãos e entrar juntas nos reinos espirituais de progresso e felicidade eternos".

Além disso, a dra. Norma Milanovich explica em *We, the Acturians [Nós, os Acturianos]:* "Descobrimos que a freqüência na qual um Ser vibra está diretamente relacionada ao controle que ele tem sobre seus pensamentos, palavras e emoções. Quando um Ser vibra numa freqüência mais baixa, permite a muitas outras formas de energia se misturarem e se fundirem com seu reservatório de energia e seus ciclos. Quando isso acontece, os pensamentos têm a tendência de ficar confusos, o que leva o Ser a sentir frustração. Nesse estado de Ser, aquele que está operando nesta freqüência pode ficar muito desanimado e deprimido, o que, por sua vez, tem a tendência de manter o nível vibratório num plano permanentemente baixo.

Quando a pessoa eleva a própria freqüência vibratória até a freqüência da velocidade da luz, ela começa aí o processo de domínio. Isso significa que o Ser agora tem acesso a mais informações da Consciência Universal... que o Ser... pode ditar o que vai ou não vai passar pelo filtro... Nesse processo de transformação, o Ser passa a ficar centrado e as configurações energéticas são mais ordenadas, holísticas e harmônicas.

Quando estamos centrados, temos acesso ao código universal e, quando entramos em contato com essa freqüência, compreendemos também as estruturas energéticas dos outros. Porque, repito, somos todos um só. Na Unidade dessa existência, temos condições de transmitir e receber mensagens; e, o que é mais importante de tudo, podemos nos transformar no remetente e no destinatário de mensagens, com uma compreensão perfeita".

No ensaio *Revelation from an Archangel - Ascension to the 12th Dimension [Revelação de um Arcanjo - Ascensão até a 12ª Dimensão]*, o arcanjo Ariel afirma: "A matéria, tal como você a conhece a partir da terceira dimensão, é um adensamento da Luz... Quando há um processo de adensamento como no seu universo, há um ponto em que ele chegou ao afastamento máximo da forma mais pura de Luz. Nesse ponto de afastamento máximo, ocorre uma mudança e o planeta começa a inverter seu processo, dando início ao que poderíamos chamar de trajetória de volta ao lar, isto é, de volta ao ponto Um." Toda vez que um planeta ascende, ele muda sua freqüência vibratória no sentido de ficar menos denso e mais leve, e empreende esse processo à sua própria maneira, única e intransferível.

Certas cosmologias evolutivas falam de sete faixas, com sete subplanos cada uma. A primeira pode ser vista como os sete planos do sistema solar, com seus sete subplanos, e é conhecida como o plano cósmico físico. Dizem que existem sete planos cósmicos - físico, astral, mental, búdico, átmico, monádico e logóico. Os planos de nosso sistema solar fazem parte do plano cósmico físico. Depois de completar esses sete subplanos, passamos para o nível mais baixo do plano cósmico seguinte e assim por diante, evoluindo lentamente de volta à Fonte. Dizem que um dia de Deus, que é uma expiração e uma inspiração, dura 4 bilhões e 320 milhões de anos. Ainda nos restam 1,2 bilhões de anos até a inspiração se completar; depois o ciclo começa de novo. Esse é um conceito interessante e muito bem explorado pelos teosofistas, entre outros.

Dizem que o ponto médio exato entre a inspiração e a expiração é o ano 2012. Esta é a última data do calendário maia e foi prevista pelos índios hopi e muitas outras civilizações. Esse ano marca uma época de mudança assombrosa, com multidões despertando para sua verdadeira divindade.

A fase da inspiração é menor do que a da expiração: é como um elástico esticado lentamente até sua capacidade máxima e que fica com uma tensão tremenda; depois de solto, volta à sua posição original com uma velocidade incrível. Devido à mudança da freqüência vibratória à medida que voltamos, nossa experiência do tempo também é afetada. Em conseqüência, embora já tenhamos passado do ponto médio no tempo linear – 1,2 não é a metade de 4,3 – a velocidade do tempo está aumentando proporcionalmente à velocidade das oscilações. Da mesma forma, à medida que "envelhecemos", o tempo parece "voar", pois, em comparação, temos de fato menos tempo. Se vivêssemos até aos 80 anos, aos 8 ainda nos restariam 9/10 (90%) de nosso tempo de vida. Aos 40, ainda teríamos 50%. Fiquei sabendo pelos canais competentes que, devido à mudança da freqüência e ao maior número de vibrações, nosso dia de 24 horas – falando em termos comparativos – é agora experienciado como se tivesse 16 horas.

A discussão das dimensões – ou planos – como faixas de freqüência não é o assunto deste livro. Mas eu gostaria de dizer uma palavrinha sobre o plano cósmico físico. É somente na faixa de freqüência "mais elevada", a sétima, que a consciência é uma experiência multidimensional. Quando a consciência atinge esse nível, tem condições de passar para a faixa de freqüência seguinte – com seus sete subplanos. Dizem que, a essa altura, a consciência individual não existe mais. É o plano acima da mônada, ou consciência de que EU SOU. A sétima dimensão é luz pura, som puro, geometria sagrada, criatividade e expressão puras: um plano de sofisticação infinita.

Dizem que nosso planeta está vibrando atualmente no topo do plano astral. À medida que continua a mudar e ascender, as dimensões mais baixas serão "lançadas nas dimensões mais altas e deixam de existir" – diz o arcanjo Ariel. As dimensões abaixo da quinta são conhecidas como "os planos inferiores da criação". Aquelas que estão entre a quinta e a nona são o reino médio da criação.

A sexta dimensão é a Consciência Crística, ou Búdica, o tipo de percepção onde se assume responsabilidade pelo todo, em vez de apenas por si mesmo. É onde a mônada está ancorada. Dizem que este é o plano da consciência que existia em Jesus quando ele se tornou o Cristo. A sexta também é o molde das estruturas de DNA de toda a criação. É feita de cor e som e contém todas as linguagens da luz. É onde a consciência cria o pensamento e onde as criaturas trabalham e aprendem durante o sono. Aqui os seres são energia pura, mas podem criar um corpo, se quiserem e se for necessário, como na quinta dimensão.

A quinta é um plano de consciência experiencial do "eu" enquanto identidade de grupo e não está limitada pelo tempo linear. Os seres desse plano podem assumir forma física quando quiserem, se quiserem. A quinta é a dimensão da Luz onde todos são Mestres, multidimensionalmente conscientes e totalmente dedicados ao Espírito e a servir a Vontade Divina. Segundo *The Keys of Enoch [As Chaves de Enoch]*, a quinta dimensão é a roupagem seguinte da Luz em que nosso corpo de matéria-energia vai entrar.

O quarto plano é um estado de supraconsciência e de reintegração da identidade de grupo sem a perda da identidade individual ou ego. Dá a capacidade de fazer uma conexão com realidades multidimensionais. É a última densidade que requer um corpo físico. Dizem que a quarta dimensão se baseia nas emoções, e também é conhecida como mundo astral. Dizem que estamos entrando nas energias da quarta dimensão e que muitos indivíduos já estão além da consciência da terceira dimensão. A transição, ou "convergência harmônica", produziu um grande alinhamento energético e uma grande mudança na freqüência vibratória, tanto de nosso planeta quanto dos seres que vivem nele. A 12 de dezembro de 1994, ela foi aberta para uma quantidade ainda maior de energias que precisam ser realinhadas e essas entradas de energias vão continuar acontecendo, em graus maiores ou menores.

A terceira dimensão baseia-se na matéria e é um estado de consciência de volume, bem como de percepção do ego. A vibração desse plano cria a ilusão da separação e, por isso, é um desafio para o despertar individual. Dá à humanidade a chance de descobrir que somos seres espirituais tentando ser humanos, em vez de seres humanos tentando ser espirituais.

O segundo plano é a densidade dos reinos vegetal e animal, embora esses também tenham se tornado mais refinados em termos de freqüência devido às mudanças das vibrações planetárias e estejam entrando na terceira. A consciência de si e do ego em geral estão ausentes no segundo plano.

A primeira dimensão é a dimensão dos minerais, da água, dos átomos e moléculas que constituem os códigos genéticos básicos. Assim como a segunda dimensão é o plano da consciência linear, este é o plano do ponto, ou consciência unidimensional.

À medida que um ser evolui espiritualmente, o processo se reflete em sua freqüência vibratória e estrutura molecular. Em relação à densidade molecular, os Mestres Ascensos explicaram que o espaço entre os elétrons, nêutrons e prótons da estrutura atômica torna-se maior à medida que a "luz" se expande dentro do átomo. Essa "luz" também reflete a percepção consciente que um ser tem de sua natureza divina inerente. À medida que essa luz ou consciência cresce, expande-se para preencher o espaço de cada átomo, mudando dessa maneira a freqüência ou número de oscilações dentro de cada átomo. À medida que um ser expande sua consciência e aumenta o quociente de luz dentro de sua estrutura celular, ele se torna multidimensional, isto é, capaz de entrar em outras dimensões de realidade. Repito: é apenas uma questão de deslocar o foco da percepção consciente e "mudar" de canal.

Várias fontes fidedignas afirmam que, à medida que evoluímos em direção à Luz, nosso DNA passa por certas modificações a fim de acomodar essas mudanças, e está no processo de passar a ter 12 filamentos. A essa altura, a entrada de energias superiores vai permitir à humanidade evoluir mais depressa nos próximos 40 anos do que nos últimos 3 bilhões. Essas energias superiores também são responsáveis pelo aumento da velocidade do tempo tal como o conhecemos.

À medida que nossas freqüências mudam, também nossas faculdades como telepatia, cura pelo toque, clarividência, transporte para lugares distantes etc. vão se tornando mais naturais. Como instrumentos afinados operando de acordo com nosso potencial máximo, nossa vida vai se tornar harmoniosa, feliz e cheia de sincronicidade, graça e magia. Embora não seja possível evitar esse processo de mudança - pois ele se deve à evolução da Terra, e nós também temos de mudar - podemos ter uma percepção consciente dele e acelerar essas mudanças, se quisermos.

Informações derivadas de pesquisas, combinadas a exercícios práticos para mudar as freqüências vibratórias através da opção consciente são apresentadas com mais detalhes em meu livro *The Art of Resonance.* Em resumo, essa mudança pode ser obtida através dos seguintes métodos:

- O mais importante e potente é a meditação - trabalho com a respiração e com a luz - principalmente quando a meditação é usada para aumentar o quociente de luz em nossa estrutura celular.

- Pelo combustível escolhido para a manutenção do corpo físico. Podemos tratar o veículo como um Porsche para seu desempenho máximo, ou como um calhambeque - a opção é nossa.

- Pelo controle do corpo emocional e da memória celular.

- Pelo controle do corpo mental através da intenção, programação e acesso aos quatro quintos do cérebro que contêm a consciência.

- Através de mantras e harmonização por meio de ondas sonoras.

O processo consciente de sintonização também gera uma sensação intensa de "aumento do poder". Entendemos que temos condições de literalmente criar nossa própria realidade controlando os sinais que transmitimos enquanto centrais de energia. Muitos indivíduos - depois de compreender as leis que governam a energia - estão utilizando essa compreensão de forma pragmática por meio do controle da mente e exercendo disciplina sobre seus pensamentos. São testemunhas das repercussões práticas desse deslocamento da consciência em sua realidade cotidiana.

Chegou a hora de aplicar nossa compreensão das freqüências vibratórias para mudar nossa vida. Viver de luz é uma das formas mais práticas de demonstrar essa compreensão.

CAPÍTULO 3

33 – A Pulsação Universal

Para aprofundar nossa compreensão das freqüências vibratórias e do poder que podemos canalizar para nós quando estamos bem sintonizados, vamos examinar aquilo que chamam de pulsações e oitavas.

A pesquisa esotérica revela que a realidade física opera em faixas de sete, com sete subplanos ou subníveis (oitavas) em cada faixa. Existem sete chacras, sete cores da luz branca refratada e assim por diante.

Dizem também que a pulsação do sistema solar é 10 com 10 subplanos em cada faixa energética. A pulsação da galáxia é 12 com 12 subplanos. A pulsação mais elevada e mais refinada que é possível obter ou com a qual é possível nos sintonizarmos e que ainda preserva características físicas é 33 – a pulsação universal. Essa pulsação também tem fragmentos ou subdivisões de 33 subfreqüências.

Quando embarcamos na viagem do refinamento, adquirimos conhecimento das várias dimensões e realidades paralelas. Quando, por exemplo, as pessoas se concentram nas realidades físicas – os adeptos do "só acredito vendo" – o resultado é a limitação do campo de realidade para a dimensão de 7x7; as pessoas não conseguem ir além desse campo enquanto não se refinarem conscientemente para alcançar a dimensão seguinte.

O refinamento consciente se dá quando a pessoa entra no processo de involução, reflexão interna, contemplação e conexão com o Divino dentro de si. A pulsação do Divino é 33. É o pano de fundo sobre o qual toda a criação se manifesta em suas várias formas.

À medida que um ser se "refina" e se sintoniza conscientemente, pode obter acesso a realidades mais elevadas e entrar em contato com os planos 10x10, 12x12 e até com o plano 33. Por isso muita gente agora se sente amplificada e multidimensional quando o Mestre Interior começa a partilhar conosco os prazeres de tudo quanto somos – além dos aspectos mais densos de nosso ser contidos num veículo físico que é testemunha das realidades físicas do paradigma 7x7 e desfruta delas.

O refinamento consciente traz consigo grande liberdade, a sensação de ser ilimitado. A gente fica livre da necessidade de comer. A gente fica livre da necessidade de dormir. A gente fica livre para utilizar o calendário gregoriano de 12:60, ou o calendário maia de 13:20, ou entrar no fluxo do tempo divino, onde a gente sempre está no lugar certo e na hora certa.

As partículas subatômicas ou "partículas sutis" do campo quântico – também conhecidas como prana, chi ou força vital universal – pulsam na oitava de 33x33 em sua expressão mais refinada.

Quando nos sintonizamos com essa pulsação, de maneira semelhante à que usamos para sintonizar o mostrador do rádio para captar uma freqüência específica, entramos literalmente no paradigma da unidade. Vemos a perfeição divina em tudo. Deixamos de ter todas as sensações ou interpretações de separação.

É uma viagem fascinante para mim. Quando me fazem perguntas, agora acho que tenho de perguntar também: "Em que plano você quer essa informação?" A resposta certa depende da pulsação e da capacidade das pessoas conseguirem acesso aos diversos planos da realidade. A maneira mais simples que há de entrar em sintonia é pedir para que toda a nossa comunhão com outras pessoas seja para o bem delas e para o nosso bem, em sua expressão mais elevada. Isso garante que a interação seja energeticamente equilibrada e sincronizada com o paradigma mais elevado possível que a combinação pode nos dar acesso.

Conseguir a sintonização consciente é como praticar as escalas num piano. No início elas são básicas e depois o ritmo ou combinações de batidas são introduzidas. Da mesma forma, à medida que expandimos nossa consciência por meio do desejo do fundo da alma de realizar todo o nosso potencial – atingimos planos diferentes de refinamento que podem ser comparados a combinações avançadas de notas.

Por fim percebemos que temos a capacidade de criar ou de obter acesso a qualquer plano da realidade que quisermos contatar – e que estamos criando constantemente para aprender e evoluir através de todas as nossas encarnações – até a criação de realidades paralelas.

A Inteligência Universal orienta-nos no sentido de simplificar as coisas e nos sintonizar com o paradigma mais elevado possível ao qual temos acesso, qual seja, o Ritmo Divino. Essa é a sinfonia que está dirigindo o desenvolvimento do Plano Divino e, quando nos tornamos parte da orquestra, alinhando nosso livre-arbítrio com a Vontade Divina, é garantia que todas as portas se abrem.

O único obstáculo a isso – como muitos já descobriram – é a Sintonização Divina. A gente pode ser um instrumento da Orquestra Divina e, apesar disso, estarmos fora de compasso ou de sincronia. O programa "Amado Deus Criador Pai/Mãe, peço que o próximo passo perfeito de minha parte no Projeto Divino se revele claramente a mim e traga consigo as pessoas e os recursos perfeitos necessários para manifestar essa parte na realidade física AGORA!", como muitos já sabem na prática, garante o alinhamento com o Tempo Divino.

E assim, a gente literalmente flutua num mar de Unidade, como diz Sai Baba: "Pois o individual e o Universal são Um; a onda é o mar. Fundir-se preenche. Quando se funde, o ego se dissolve; todos os símbolos e signos do particular, como nome, forma, casta, cor e credo, nacionalidade, igreja, seita e os direitos e deveres daí conseqüentes, tudo se desvanece. Para esses indivíduos que se liberaram da estreiteza da individualidade, a única tarefa é elevar a humanidade, aumentar a felicidade do mundo e distribuir o amor. Mesmo quando estão imóveis, o estado de beatitude em que estão fará com que as bênçãos se derramem sobre o mundo. O amor está em tudo; é amor por tudo; o amor é tudo".

O aspecto vibratório da percepção dessa pulsação é amor puro, Amor Divino com variações que vão de 33x33 até a vibração mais grosseira de 7x7 e expressão corporal e emocional inferior. O Amor Divino não é só a fonte e o tijolo energético de toda a criação, mas também a força transmutadora mais poderosa que existe. Quando sintonizados com ela, em contato com ela e concentrados nela, ela absorve, refina e realinha todas as emoções inferiores com a pulsação mais refinada que existe enquanto ainda estamos num corpo físico. Novamente isso traz liberdade.

Pedir ao Divino para alinhar nossos campos energéticos e para expressar-se plenamente em nossa realidade física sintoniza-nos automaticamente com a pulsação universal. Todos os véus de ilusão e separação se desvanecem – como se as camadas de uma cebola fossem sendo eliminadas até chegarmos ao que é essência pura perfeitamente sintonizada.

A isso passei a chamar de "plugar-se na Placa Cósmica de Circuito Impresso*". É aqui que a discussão sobre alimentação prânica acaba por nos trazer. Pois a capacidade de viver de luz é um subproduto natural de nos dar permissão de sermos sustentados pelo Divino dentro de nós. Da mesma forma, podemos nos sintonizar para dispensar o sono, ou nos sintonizar para não sentir mais os extremos de temperatura, mas simplesmente ajustar nossa temperatura corporal, de modo a nos sentirmos à vontade em qualquer ambiente físico – uma capacidade que ainda estou desenvolvendo.

Tudo isso é apenas potencial humano a ser realizado – para chegarmos a um ponto onde não faz diferença se estamos em nosso corpo físico ou "sentados no colo de Deus, envolvidos em Seus braços", pois tudo é um. Somos um com tudo. É isso

*N. da T.: Placa rígida de material isolante sobre a qual se constrói um circuito elétrico. Freqüentemente tem um botão de conexão num dos extremos para facilitar seu encaixe num determinado equipamento.

que os sábios indianos chamam de "Sat Chit Ananda" - ser, consciência, felicidade. Eu me vejo em você. Esse é o paradigma da unidade e do ser ilimitado.

Os Sete Elementos e o 33

As informações que se seguem derivam naturalmente dos capítulos anteriores. Eu estava me programando para que "o próximo passo de minha parte no Projeto Divino se revelasse a mim CLARAMENTE, AGORA, e trouxesse consigo qualquer ser que pudesse ajudar a manifestação física desse passo em minha realidade física AGORA"; adivinhem quem foi magnetizado pelo meu campo? Leonard Orr, nem mais, nem menos.

Para os que não conhecem o trabalho de Leonard Orr, ele fundou o *Rebirthing Moviment [Movimento do Renascimento]*, agora muito importante, com 10 milhões de adeptos no mundo inteiro. Em *tournée* pela Austrália, conseguimos entrar em contato e descobrir o trabalho um do outro. Trocamos livros e fizemos um acordo de facilitar as atividades um do outro na Europa e em parte da América do Sul. Incluí aqui parte de seu trabalho sobre purificação espiritual, no capítulo sobre Os Grandes Imortais.

A leitura da obra de Leonard me fez compreender outra perspectiva da minha própria ao reconhecer os elos que nos ligam. Descobri que estou sendo guiada intuitivamente para a construção de pontes. Eu já sabia que gostava de construir redes, descobrir, dividir e desfrutar do brilho e da sensação de ilimitado. Portanto, acrescentando o "sabor de renascimento" à nossa visão, vamos discutir como é que se constrói efetivamente uma ponte por meio da sintonização: sintonização com os elementos e também purificação do campo energético com a ajuda dos elementos.

O que chamo de sintonizar o sistema de quatro corpos - o físico, o emocional, o mental e o espiritual - Leonard chama de "purificação espiritual", que é viabilizada pelos quatro elementos.

As informações que se seguem dão continuidade a nossas discussões anteriores sobre as Freqüências Vibratórias e a Pulsação Universal.

O primeiro elemento é o Fogo – a prática de "descobrir como se vive com uma chama visível". Corresponde ao campo físico da pulsação de 7x7. O fogo pode ser usado para queimar o lixo emocional acumulado de qualquer campo energético que quisermos limpar.

O segundo elemento é a Terra – sintonizar-se com o elemento Terra envolve a prática do jejum, controle da alimentação e exercícios.

O terceiro elemento é o Ar – sintonizar-se com esse elemento é algo que conseguimos por meio da respiração energética consciente. Toda respiração está interligada, a inspiração é seguida pela expiração, é profunda e sutil até a pessoa passar pela experiência de ser respirada. Em sua expressão mais perfeita, essa é uma experiência de Akasha – o sexto elemento. A respiração consciente cria uma ponte entre o físico e o etérico ao produzir uma experiência de refinamento do veículo físico.

O quarto elemento é a Água. Banhos quentes demorados sintonizam todos os chacras, principalmente o sacral, ou chacra "Muladhara". Este chacra é o elo de ligação entre os campos energéticos dos corpos emocional e físico. Os banhos também realinham e reequilibram os campos de energia do corpo e diluem o que Leonard chama de "poluição energética", produzida pelo fato de existirmos no campo morfogênico da consciência coletiva. Até banhos quentes e demorados de chuveiro limpam seu campo áurico mas, segundo os adeptos do renascimento, não são tão eficientes quanto os banhos de banheira. Dizem eles que os banhos diários de banheira e as sessões de renascimento podem limpar muitos planos da memória celular.

O quinto elemento é a Luz Astral. É a vibração solar de 10 x10 e é a vibração dos seres vivos no campo prânico – utilização da energia do fóton para alimentar o corpo.

A vibração na freqüência galática de 12x12 é o sexto elemento ou Akasha, o primeiro elemento além do vazio, ou Fonte. É semimanifesto e é a matriz em que nosso universo está incrustado.

O Fogo Cósmico, também conhecido como o Princípio, é o sétimo elemento, vibrando com a freqüência universal de 33x33. É o primeiro elemento da pulsação expansiva e o sétimo da pulsação contrativa.

Os cinco elementos, somados à luz astral, também correspondem a nossos cinco sentidos: fogo = visão; terra = olfato; ar = tato; água = sabor; luz astral = audição. O sexto elemento, Akasha, corresponde à intuição, nosso sexto sentido. O sentido correspondente ao Fogo Cósmico ainda está por ser revelado. Acho que pode ser a sensação de simplesmente saber.

Quando construímos pontes entre os mundos, descobrimos os três elementos sutis, temos prazer em explorá-los e em sentir seu poder; depois dirigimos conscientemente seu fluxo de volta ao tempo linear e à realidade física.

Sintonizar o sistema dos quatro corpos com os quatro elementos aumenta nosso poder no plano físico, desde que o controle da mente seja adotado e demonstrado. Também introduz em nossa consciência celular uma grande força elementar que nos sintoniza com a pulsação da Mãe Terra. Quanto mais sintonizados estivermos com a pulsação de Deus – deixando depois que as forças dos elementos nos sintonizem com a pulsação de nosso planeta – tanto mais forte e eficiente será nossa ponte entre as diferentes vibrações desses mundos.

Construir pontes entre os mundos é algo que acontece quando as portas interiores foram abertas pela prática da "purificação espiritual", ou quando sintonizamos o sistema dos quatro corpos à sua "Pulsação Divina" e sincrônica. Quando essas portas se abrem, temos condições de dirigir o fluxo de consciência pura e ilimitada que resulta do processo.

Os Mestres sabem que somente um aspecto de sua consciência se expressa na realidade física. Um Mestre tem percepção consciente de todos os planos da criação, tanto no microcosmo quanto no macrocosmo.

Ao utilizar
a Lei Universal da Ressonância,
o paradigma de
"colher o que se planta",
percebemos que quanto mais nos sintonizamos
conscientemente
com a pulsação universal de 33x33
– a Unidade –
tanto mais atraímos para nós
a imagem espelhada
desses elementos.
É isso, portanto, o que revela
a Unidade
no plano físico
pois ela está espelhando
nossa vibração e nosso poder criador.

CAPÍTULO 4

O Prana e Sua Capacidade de Nos Alimentar

Para entender como podemos viver somente de Luz, precisamos entender aquilo que nos alimenta, isto é, o prana – também conhecido como força vital universal, energia vital cósmica ou "luz líquida".

O prana é um elemento sutil que impregna todas as células de todos os fluidos e tecidos vivos de um organismo. O prana tem um equivalente biológico, chamado de "apana" por Gopi Krishna, que o descreve como uma essência refinada que reside no cérebro e no sistema nervoso e é capaz de gerar uma radiação sutil.

O termo "prana", tal como é usado aqui, significa tanto energia vital cósmica quanto seu condutor biológico sutil no corpo, uma vez que são inseparáveis. Normalmente, a tarefa de absorver o prana é realizada por um pequeno grupo de nervos situado numa área específica do corpo. No entanto, com o despertar da "kundalini", esse estado de coisas muda radicalmente. Grupos maiores de nervos são ativados e produzem uma forma mais concentrada de radiação de prana para o cérebro, proveniente de uma área muito maior do corpo.

É importante entender que, para uma pessoa chegar a ser alimentada somente pelo prana ou luz líquida, é preciso ter um certo grau de desenvolvimento espiritual. A ativação total da energia da kundalini permite que esse processo opere com o máximo de eficiência.

Existem três canais de energia ou "nadis" na coluna, que podem conduzir a energia da kundalini e são interceptados pelos chacras. O Pingala ou "nervo solar" regula o fluxo de calor. Começa no lado direito do Susumna, que flui por dentro da medula. O "nervo lunar" ou Idakalai é um agente refrescante e começa do lado esquerdo. Todos os três ficam no corpo astral.

A *medula oblongata* é um centro cerebral que fica na base do crânio e é considerado um chacra "menor", pois é um centro de indução da energia espiritual proveniente dos corpos superiores. Manter a cabeça e a coluna retas durante a meditação permite que a *medula oblongata* receba o fluxo de energia prânica sem nenhum tipo de obstrução. A energia prânica flui através desse centro até o hipotálamo e, à medida que aumenta o quociente de Luz do nosso ser, permite-nos ser mais receptivos telepaticamente.

Algumas palavras de recomendação sobre a Kundalini: antes de ativar a energia da kundallini, recomendo que você sintonize os chacras com a Luz e os ative completamente, e faça a meditação dos chacras unificados (ver o final deste capítulo). Também aconselho você a instruir seu EU SOU para estabelecer contato e ligar-se aos sistemas etérico e físico-nervoso, para você estar em total alinhamento eletromagnético, embora isso deva acontecer com a prática da meditação dos chacras unificados.

Também é importante que você instrua seu EU SOU para supervisionar a ativação da energia da kundalini, para evitar que você se "queime". É um fato bem documentado entre os iogues indianos que o despertar prematuro da "serpente adormecida" (kundalini) – antes de a consciência estar preparada e o veículo físico alinhado – pode causar grandes danos ao circuito elétrico do corpo e até mesmo a morte. Há mais informações sobre esse assunto no livro de Gopi Krishna sobre a kundalini. O despertar da kundalini pode ocorrer rápida ou lentamente, quando guiado pelo EU SOU, dependendo da natureza das instruções que você recebe e de seu desejo.

Para despertar a kundalini, basta programar a seguinte afirmação em suas meditações: "Evoco e ativo completamente minha energia kundalini, da forma ensinada por minha mônada e pelo poderoso EU SOU Presença".

Quando aumentamos a ingestão de força vital prânica alimentando-nos na Fonte de Vida Cósmica, podemos vencer até a morte. A respiração rítmica lenta absorve mais prana e permite que ele seja armazenado no cérebro e nos centros nervosos. O prana fornece energia elétrica aos nervos, magnetiza o ferro do sistema e produz a aura como sua emanação natural.

Como lemos em Babaji e na tradição 18 da Sidha Kryia Yoga: "O segredo da longevidade está na técnica de dirigir a respiração para os canais e centros sutis. A secreção do néctar vem da região cerebral, através da abertura que fica por trás da úvula e da glândula mística do hipotálamo. Esse elixir da vida fortalece o sistema humano e o torna invulnerável à deterioração, degeneração, doenças e morte".

Em seu livro, *Kundallini, A Energia Evolutiva do Homem*, Gopi Krishna escreve: "Todos os sistemas de ioga baseiam-se na suposição de que os corpos vivos devem sua existência à atividade de uma substância imaterial extremamente sutil, que impregna o universo e é chamada de prana, que é a causa de todos os fenômenos orgânicos, controlando os organismos por meio do sistema nervoso e do cérebro e se manifestando como energia vital. O prana - energia vital, segundo a terminologia moderna - assume diferentes aspectos para desempenhar diferentes funções no corpo, e circula no sistema em duas correntes separadas, uma com o efeito de aquecer e a outra com o efeito de refrescar, e é claramente perceptível aos iogues depois de seu despertar".

Continua ele: "Com base em minha experiência, também posso afirmar que existem certamente dois tipos principais de correntes vitais no corpo, com o efeito de refrescar ou aquecer o sistema. Prana e apana existem lado a lado no sistema de todos os tecidos e de todas as células, fluindo ambos através dos nervos superiores e de suas ramificações diminutas como duas correntes distintas, embora sua passagem nunca seja perceptível no estado normal de consciência, estando os nervos acostumados ao fluxo desde os primórdios da vida".

Depois de entender o prana como a essência da vida, talvez possamos entender como um organismo pode ser alimentado somente por ele. Alguns indivíduos conseguiram isso expandindo sua consciência até alcançar as freqüências vibratórias mais elevadas que, por sua vez, alteram a estrutura molecular de seus corpos físico, emocional e mental e os liberam da necessidade de comer e beber. Essas pessoas podem ser chamadas de respiratorianas. Outras, que eu chamo de liquidarianas, podem optar por viver exclusivamente dessa luz líquida ou por tomar líquidos só pelo prazer de tomá-los.

O Ascencionado Mestre Hilarion explica em *Seasons of the Spirit [As Estações do Espirito]:* "É incorreto imaginar que a energia que move o corpo físico do homem provém da comida que ele ingere. Esse é um dos maiores mal-entendidos do mundo de hoje. A energia do corpo humano vem de uma fonte muito mais sutil e refinada que as moléculas de carboidrato, como agora se acredita. O processo vital do homem não existe no mero plano químico, caso contrário o homem não seria nada além de um recipiente onde as substâncias químicas reativas são misturadas, e sem mais inteligência ou espírito 'vital' que aquele encontrado num cadinho. Quando a reação química termina, o recipiente continua imóvel, sem vida, vazio, e o mesmo seria no caso do ser humano.

Não, a força que move a máquina humana não é química, é etérica. O éter é uma forma da substância que impregna tudo, mais rarefeito do que a mais sutil das substâncias químicas do homem e é, na verdade, a 'substância' a partir da qual são produzidos todos os elementos conhecidos pela ciência, assim como as gotas d'água podem ser precipitadas a partir do vapor de água que está no ar. Misturado com o éter que ocupa todas as três dimensões do espaço humano – mesmo entre os prótons e elétrons da matéria, que a ciência chama de espaço 'vazio' – está uma substância a que chamamos de prana, a palavra oriental que designa a energia vital. As religiões orientais conhecem essa substância miraculosa e entendem seu papel na manutenção da 'vida' do homem.

Quando um corpo humano respira e traz o ar para dentro dos pulmões, o prana que está dentro do equivalente etérico desse ar é absorvido pelo equivalente etérico do corpo e, desse modo, é transformado nas várias energias utilizadas na vida cotidiana: energia mental, energia emocional e energia física. É evidente que o oxigênio absorvido pelo corpo através dos pulmões desempenha um papel no metabolismo, mas é somente um papel secundário em comparação com a importância da ingestão de prana".

INVOCAÇÃO DOS CHACRAS UNIFICADOS

Fragmento de *"An Ascension Handbook" [Um Manual da Ascensão]*, de Tony Stubbs

Inspiro a Luz com o centro do coração,
abrindo o peito até ele se tornar uma linda bola de Luz,
permitindo que eu me expanda.

Inspiro a Luz com o centro do coração,
permitindo que a Luz se expanda,
envolvendo o chacra da garganta
e o chacra do plexo solar
e fazendo deles um campo unificado de Luz,
dentro, através e em volta do meu corpo.

Inspiro a Luz com o centro do coração,
permitindo que a Luz se expanda,
envolvendo o chacra entre as sobrancelhas
e o chacra do umbigo
e fazendo deles um campo unificado de Luz,
dentro, através e em volta do meu corpo.

Inspiro a Luz com o centro do coração,
permitindo que a Luz se expanda,
envolvendo o chacra da coroa

e o chacra de base
e fazendo deles um campo unificado de Luz,
dentro, através e em volta do meu corpo.

Inspiro a Luz com o centro do coração,
permitindo que a Luz se expanda,
envolvendo o chacra alfa acima da cabeça
e o chacra ômega abaixo da coluna
e fazendo deles um campo unificado de Luz,
dentro, através e em volta do meu corpo.
Permito que a onda de Metatron ressoe entre eles.
Sou uma unidade de Luz.

Inspiro a Luz com o centro do coração,
permitindo que a Luz se expanda
envolvendo o oitavo chacra acima da cabeça
e minhas coxas
e fazendo deles um campo unificado de Luz,
dentro, através e em volta do meu corpo.
Permito que meu corpo emocional se funda
com meu corpo físico.
Sou uma unidade de Luz.

Inspiro a Luz com o centro do coração,
permitindo que a Luz se expanda,
envolvendo o nono chacra acima da cabeça
e minhas pernas
fazendo deles um campo unificado de Luz,
dentro, através e em volta do meu corpo.
Permito que meu corpo mental se funda
com meu corpo físico.
Sou uma unidade de Luz.

Inspiro a Luz com o centro do coração,
permitindo que a Luz se expanda,

envolvendo o décimo chacra acima da cabeça
e embaixo de meus pés
e fazendo deles um campo unificado de Luz,
dentro, através e em volta do meu corpo.
Permito que meu corpo espiritual se funda
com meu corpo físico.
Sou uma unidade de Luz.

Inspiro a Luz com o centro do coração,
permitindo que a Luz se expanda,
envolvendo meu décimo primeiro chacra acima da cabeça
e embaixo dos meus pés
e fazendo deles um campo unificado de Luz,
dentro, através e em volta do meu corpo.
Permito que minha alma universal se funda
com meu corpo físico.
Sou uma unidade de Luz.

Inspiro a Luz com o centro do coração,
permitindo que a Luz se expanda,
envolvendo o décimo segundo chacra acima da cabeça
e embaixo dos meus pés
e fazendo deles um campo unificado de Luz,
dentro, através e em volta do meu corpo.
Permito que minha alma crística universal se funda
com meu corpo físico.
Sou uma unidade de Luz.

Inspiro a Luz com o centro do coração,
peço ao plano mais elevado de meu espírito
para que se irradie do centro do coração,
ocupando inteiramente esse campo unificado.
Irradio Luz ao longo de todo esse dia.
Sou uma unidade do espírito.

Capítulo 5

A História de Giri Bala

Há muitos anos atrás, deparei-me com um livro maravilhoso chamado *The Autobiography of a Yogi [Autobiografia de um Iogue].* É a autobiografia de Paramahansa Yogananda e foi o primeiro livro que li no qual senti realmente a energia do amor e do saber fluindo das páginas. Foi também a primeira vez que li a respeito de alguém que vive exclusivamente da Luz da Divindade.

A história de Giri Bala foi contada a Yogananda quando ele a conheceu. Ainda levando a vida de uma aldeã simples e humilde, ela estava com 68 anos na época e não comia nem tomava líquidos há mais de 56 anos. Ela foi levada ao palácio do governador de sua província quando era jovem. Lá foi mantida sob vigilância rigorosa e finalmente "liberada" com a confirmação de que vivia exclusivamente de Luz.

Giri Bala contou a Yogananda que, quando criança, tinha um apetite voraz, pelo qual era freqüentemente repreendida e ridicularizada. Casaram-na com nove anos de idade e logo depois foi instalada na casa da família do marido. Giri sofreu tanto um dia com a língua ferina de sua sogra vociferando e zombando de sua gula que exclamou: "Vou lhe provar logo, logo, que, enquanto viver, nunca mais vou tocar em comida." Zombaram mais ainda e ela então fugiu da aldeia.

Em grande desespero, gritou do fundo da alma, pedindo a Deus que lhe mandasse um guru que pudesse ensiná-la a viver somente de Luz. Nesse momento, o guru se materializou à sua frente e ela foi iniciada na arte de uma técnica especial da Kriya Yoga que liberava o corpo da necessidade de sustento físico.

O guru disse-lhe: "Minha querida, sou o guru enviado por Deus para atender sua oração urgente. Ele ficou profundamente tocado por sua natureza tão diferente. A partir de hoje, você vai viver de luz astral. Os átomos de seu corpo serão recarregados pela corrente infinita."

A partir desse dia, ela nunca mais comeu nem tomou líquidos, e não tinha excreções corporais. Yogananda escreveu: "Ela está dando esse exemplo para provar que o homem é espírito, na verdade, e também para provar que o homem pode viver da Luz Eterna de Deus." [Citação da obra *Forty of the World Great Saints and Spiritual Masters (Quarenta Grandes Santos e Mestres Espirituais do Mundo)*], do dr. Stone.

"A humanidade está empenhada numa busca eterna
daquele 'algo mais'
que espera que lhe trará felicidade,
total e eterna.
Para aquelas almas individuais
que procuraram e encontraram Deus,
a busca terminou.
Ele é aquele 'algo mais'".

Paramahansa Yogananda

A História de Teresa Neumann

Também em sua obra *The Autobiography of a Yogi*, Yogananda conta seu encontro com Teresa Neumann, e o dr. Stone menciona esse encontro em seu livro sobre os Mestres.

"Teresa Neumann nasceu na sexta-feira santa de 1898, no norte da Bavária. Com a idade de 20 anos, sofreu um acidente e ficou cega e paralítica. Aconteceu-lhe uma cura miraculosa em 1923 por meio de orações a Santa Teresa de Lisieu. Desde essa época, Teresa nunca mais ingeriu alimentos sólidos ou líquidos, exceto uma pequena hóstia consagrada por dia.

Os *stigmata*, ou as feridas sagradas de Cristo, começaram a aparecer em sua testa, peito, mãos e pés toda sexta-feira, enquanto ela revive a paixão de Cristo. Mais tarde, Yogananda disse que, em uma vida passada, ela tinha sido Maria Madalena. Ela está aqui para mostrar (como Giri Bala) que é possível viver da Luz de Deus".

Durante os 36 anos em que Teresa mostrou os *stigmata*, milhares de turistas fizeram fila em seu pequeno chalé para testemunhar o milagre. Teresa morreu em 1962. O livro de Paola Giovetti, *Teresa Neumann*, conta sua vida com muitos detalhes.

****

É fácil descartar a história de Giri Bala e de Teresa Neumann como experiências de pessoas "santas".

No entanto, ambas foram apenas indivíduos que tiveram grande confiança e fé.

Com base em minha pesquisa, parece que embora Giri e Teresa se sustentassem exclusivamente de luz líquida, nenhuma das duas adotou a idéia concomitante de imortalidade física, e ambas envelheceram graciosamente.

CAPÍTULO 6

A Imortalidade Física

É interessante notar que o envelhecimento e a morte ainda podem ser experienciados tanto por respiradorianos quanto por aqueles que se alimentam de prana. A humanidade está trancafiada na consciência e na crença da limitação há muitas eras. Essa expectativa mental e a crença na necessidade da morte prevalecem a tal ponto que glândulas como a hipófise e a pineal segregam "hormônios da morte" em vez de realizar suas funções naturais de manter e regenerar a vida. O livro *New Cells, New Body, New Life [Células Novas, Corpo Novo, Vida Nova]*, de Virginia Essene, examina essa questão no capítulo escrito por Joanna Cherry.

O corpo humano é um organismo extremamente complexo que se sustenta a si próprio. Novas células são geradas aos bilhões - ganhamos um novo revestimento estomacal a cada cinco dias - e dizem que um ser humano fica completamente novo no plano celular a cada dois anos. Por quê então envelhecemos e morremos, se temos a capacidade inata de renovar nossa estrutura celular? Em seu livro *Quantum Healing [Cura Quântica]*, o dr. Chopra diz que é por causa de nossa programação e sistemas de crenças, e que as células são apenas lembranças revestidas de matéria. Leonard Orr, em seu livro *Immortality*, sugere que as pessoas morrem sobretudo porque é isso que esperam que aconteça.

Mais ou menos uma década no mundo dos negócios, trabalhando muitas vezes de 50 a 60 horas por semana ao mesmo tempo em que criava minhas filhas na condição de única responsável e sem deixar de fazer minha meditação e satisfazer meus interesses esotéricos foram coisas que me deixaram muito alerta para a administração do tempo. Num momento qualquer dessa época cheguei à conclusão de que a morte física era má administração do tempo.

Depois de vinte anos de dieta vegetariana, mais ginástica e pesquisa relevante para manter a saúde no seu apogeu, percebi que o corpo é uma máquina maravilhosa que sustenta a si mesma e só se desgasta por causa dos níveis elevados de toxicidade. Essa toxicidade resulta de opções de dieta, pensamento negativo e sistemas de crenças (lembre-se de que nossos pensamentos criam nossas emoções e que o mal-estar emocional cria nossas mazelas físicas).

À parte o aspecto de administração do tempo, a atração da idéia de imortalidade física também aumentou porque eu não gostava da idéia de atingir um certo nível de consciência, ou despertar, e logo depois o veículo físico se desintegrar por causa de negligência. A perspectiva de ter de me preparar para um novo veículo e para condições apropriadas numa próxima vida e depois nascer, usar fraldas, ter pais, freqüentar a escola, passar pela adolescência e assim por diante, também não me "excitavam".

(Note, por favor, que tive uma infância maravilhosa, pais maravilhosos etc., uma adolescência cheia de desafios, mas instrutiva, com liberdade para eu crescer, desenvolver-me e depois "florescer" da maneira que escolhi conscientemente. Também tinha noção da época em que tinha conscientemente escolhido nascer, antes da encarnação, o canteiro em que a semente da consciência foi plantada e dos jardineiros, por assim dizer.)

Passar por todos esses estágios de novo, e depois finalmente me lembrar do que já tinha chegado a compreender após anos de pesquisa e experiência nessa e em vidas anteriores, parecia ridículo.

Naquele estágio, entrei vagamente em contato com a idéia de imortalidade física e compreendi claramente que essa poderia ser minha última encarnação no plano terrestre. Decidi que queria morrer depois de terminar meu trabalho e quando estivesse pronta – não antes. Não estava mais interessada em morrer devido a maus tratos ao veículo físico.

Adotar a idéia de imortalidade física não tem nada a ver com o medo da morte. Todos os adeptos dessa idéia vêem a morte como um processo mais suave e agradável do que o nascimento. Não envolve medo e há menos dor, com toda a certeza.

Basta dizer que a vida nesse plano da existência pode ser comparada à escola, e o tempo gasto longe da encarnação física é como férias maravilhosas. As pessoas já compararam muitas vezes o desejo individual de imortalidade física ao medo da morte e do desconhecido e, em alguns casos, talvez seja mesmo.

No entanto, chega um momento de sua evolução em que a imortalidade física não é apenas uma boa administração do tempo, mas uma conseqüência natural de nossa ressonância. A Imortalidade Física não é possível sem a ressonância correspondente, ou crença em sua possibilidade.

Para se tornar imortal no plano físico – como uma extensão lógica e consciente da imortalidade da alma – precisamos fazer o seguinte:

- Livrar-nos da crença de que temos de morrer

- Livrar-nos de toda e qualquer negatividade – de pensamentos e emoções – nos campos energéticos de nossos corpos

- Controlar os corpos físico, emocional e mental.

Livrar-nos da crença de que temos de morrer é muito fácil quando compreendemos realmente que somos sistemas energéticos e que o nível celular de degeneração e/ou regeneração depende do nível de controle mental – controle do corpo mental – que conseguimos (a liberação de toda e qualquer negatividade é um tópico discutido nos exercícios de visualização de meu livro, *The Art of Resonance [A Arte da Ressonância]* . Em síntese, o controle do corpo mental leva ao controle do corpo emocional que, por sua vez, controla o corpo físico.

No entanto, há também técnicas práticas que dizem que revertem e/ou interrompem o processo de envelhecimento. Uma dessas fontes de informações e técnicas para interromper e até reverter o processo de envelhecimento é o livro chamado *The Fountain of Youth [A Fonte da Juventude]*, de Peter Kelder. Exploramos algumas de suas idéias no próximo capítulo.

Como ser capaz de viver exclusivamente de prana, a imortalidade física é apenas uma questão de ter verdadeira liberdade de escolha. Não é uma questão de rígido apego à vida. A existência e a consciência são eternas. Quanto mais expandimos nossa consciência e lembramos o que somos, tanto mais reconhecemos que nossa encarnação física é apenas um pequeno aspecto de nossa capacidade de SER.

A informação nos dá condições de escolher. Está na hora de todas as culturas tomarem consciência de outras formas de ser, pensar e viver que agora estão aumentando o poder de outras pessoas neste planeta; está na hora de elas saberem que existem imortais que controlaram seu corpo físico. Assim como você estaciona seu carro, muitos iogues e praticantes da meditação "estacionam seu corpo" e vêm e vão à vontade. Podem expor o corpo à luz e passar para outra faixa energética - de maneira semelhante à descrita por James Redfield em *Celestine Prophecy [A Profecia Celestina]* - e ficar invisíveis para todos os que estão sintonizados numa faixa de energia mais densa. Essa faixa de energia mais sutil é uma faixa de consciência superior e seus dons são incomensuráveis.

Saber que existem pessoas no planeta que liberaram o corpo da necessidade de comer e agora estão se alimentando exclusivamente de prana também é algo que aumenta o poder da gente.

REGENERAÇÃO E REJUVENESCIMENTO

Em minha opinião, quanto maior o quociente de Luz dentro do corpo, tanto maior nossa capacidade natural de regeneraçã celular no nível mais puro que existe. Quanto mais isenta estiver nossa estrutura celular de todas as formas de toxicidade, tanto mais Luz absorvemos e tanto mais alta a vibração ou freqüência de oscilação de nossos campos de energia e tanto menor a possibilidade de doença, decadência e degeneração.

Luz atrai Luz – a luz transmuta e dissolve aquilo que não é Luz. Por isso, embora possamos reprogramar nossas glândulas para produzir somente os hormônios que mantêm a vida e/ou praticar os ritos da Fonte da Juventude apresentados neste capítulo, nosso principal foco de atenção é aumentar o quociente de Luz dentro da estrutura celular.

Em *The Complete Ascension Manual [O Manual Completo da Ascensão]*, o dr. Stone afirma que um quociente de 80 – 83% de luz permite a ascensão, 96 – 98% permite a desmaterialização, o teletransporte e a rematerialização quando a pessoa manipula a estrutura celular do veículo físico com uma simples ordem ou intenção. Nesses estados, a imortalidade física é uma conseqüência natural à medida que a luz líquida flui através dos sistemas e os chacras ficam unificados numa única coluna de luz. Com o Corpoluz completo e a mônada (EU SOU) firmemente ancorada, nosso corpo passa naturalmente a sustentar a si mesmo.

Peter Kelder explica em *The Fountain of Youth [A Fonte da Juventude]:* "O corpo tem sete centros de energia que, em português, poderiam ser chamados de vórtices. Os indianos dão-lhe o nome de chacras. São campos elétricos potentes, invisíveis aos olhos e, apesar disso, muito reais. Cada um desses sete vórtices está em cima de uma das sete glândulas de secreção interna do sistema endócrino do corpo e sua função é estimular a produção de hormônios das glândulas. São esses hormônios que regulam todas as funções corporais, inclusive o processo de envelhecimento.

O primeiro desses vórtices está centrado em cima das glândulas reprodutivas. O segundo está centrado no pâncreas, na região abdominal. O terceiro está centrado na glândula suprarenal, na região do plexo solar. O quarto está centrado na glândula timo, no peito ou região cardíaca. O quinto está centrado na tiróide, no pescoço. O sexto está centrado na glândula pineal, na base da nuca. E o sétimo, ou vórtice superior, está centrado na glândula hipófise, no topo da cabeça.

Num corpo saudável, cada um desses vórtices gira a grande velocidade, permitindo que a energia da força vital, também chamada de 'prana' ou 'energia etérica', flua para cima através do sistema endócrino. Mas quando a velocidade de um ou mais desses vórtices começa a diminuir, o fluxo de energia vital é inibido ou bloqueado, e – bem, esse é apenas outro nome para envelhecimento e falta de saúde.

Esses vórtices que giram incessantemente estendem-se para fora da carne num indivíduo saudável, mas nos velhos, fracos e doentes, mal alcançam a superfície do corpo. A forma mais rápida de recuperar a juventude, a saúde e a vitalidade é fazer esses centros de energia voltarem a girar normalmente outra vez".

Este livro que acabamos de citar continua explicando que existem seis "ritos" ou exercícios simples que a pessoa pode fazer para estimular esses centros. Esses instrumentos de longevidade foram utilizados durante inúmeras eras pelos lamas tibetanos de um mosteiro situado nas alturas remotas dos Himalaias.

Os lamas também fazem refeições leves, são vegetarianos e em geral só consomem um tipo de alimento por refeição, e em pequenas quantidades. Por exemplo: uma refeição pode ser constituída de fruta, outra de legumes, outra de pão. Parece que sua dieta e os ritos que praticam os mantêm com a aparência de cerca de 25 anos, independentemente de sua idade biológica.

Devido às restrições impostas pelos direitos autorais, não podemos apresentar os diagramas desses ritos, nem dar muitos detalhes. No entanto, para os interessados, recomendamos que comprem o livro, pois vale a pena praticar os exercícios. Muitos, inclusive octogenários como meu pai, estão desfrutando dos benefícios positivos do rejuvenescimento e reenergização obtidos com a prática dos ritos de que fala o livro de Peter Kelder.

Como Programar as Glândulas do Corpo para a Regeneração Celular

Aprendi com Joanna Cherry, da Ascension Mastery International, de Monte Shasta, Califórnia, essa técnica simples, destinada a alterar a produção de todos os hormônios para que eles alimentem a vida, em vez de exauri-la. Como a mente tem domínio sobre a matéria, as glândulas do corpo humano parecem incapazes de manter indefinidamente o processo de regeneração da estrutura celular e preservação da saúde devido à crença inerente na morte. Enquanto acreditarmos que a morte é natural, nossos corpos devem confirmar essa crença – e confirmam realmente – independente de sua capacidade de operar de outra maneira.

Só podemos garantir que essa técnica simples para reprogramar a produção dos hormônios no corpo funcione depois que a pessoa se liberou completamente da mentalidade "mortista":

- Sente-se em posição de meditação/contemplação
- Sintonize seus campos energéticos com respiração e Luz
- Visualize um feixe de Luz proveniente da fonte mais elevada, passando pelo décimo segundo chacra que o EU SOU conecta com seu ser, descendo pelos outros chacras e entrando pelo alto de sua cabeça através da coroa
- Deixe esse feixe de Luz dourada e branca preencher todas as células de seu cérebro
- Instrua a Luz para ela se ancorar firmemente e ativar sua glândula hipófise, e depois a pineal
- Instrua essas glândulas para elas eliminarem a programação e as crenças antigas e, a partir desse momento, só produzirem hormônios que facilitem e preservem a vida, e que promovam e sustentem a imortalidade física

- Sinta o feixe de Luz entrar pela área da garganta, preenchendo todas as células de Luz
- Instrua a glândula tiróide do chacra da garganta para ela fazer o mesmo
- Sinta ou visualize a Luz descendo pelo corpo e preenchendo todas as células
- Instrua o timo, as supra-renais, o pâncreas e as glândulas reprodutivas exatamente como fez com as outras
- Agradeça a todas as glândulas pelo serviço maravilhoso que lhe prestaram de acordo com suas instruções anteriores, mas diga-lhes que agora está assumindo o estado de imortalidade física e dê ordens a elas no sentido de confirmarem sua nova crença na harmonia perfeita e de acordo com seu projeto Divino e perfeito.

Capítulo 7

Os Grandes Imortais

Fui orientada para incluir a história de Babaji e St. Germain, além de uma seleção de textos sobre os arcturianos revelados a médiuns, pois eles são universalmente conhecidos como os Mestres da Tecnologia da Luz. São também os Mestres da Imortalidade, da capacidade de reorganizar a estrutura molecular e assumir um corpo a seu bel-prazer.

No livro da dra. Norma Milanovic, *We, The Arcturians [Nós, os Arcturianos]*, há uma afirmação de que dentro de 100 anos toda a humanidade vai viver exclusivamente da Luz de Deus. Minhas relações pessoais com Arcturo começaram logo depois que passei pelo processo de 1993. Primeiro foi estabelecido um contato telepático e depois veio o contato visual nos domínios interiores, através da meditação. Ele está intimamente ligado a mim desde essa época e trouxe a mensagem "A Porta do Coração" enquanto eu estava na Nova Zelândia para falar a respeito de viver de Luz. Seu foco era o controle da estrutura molecular que todos os que querem chegar à condição de mestre precisam conquistar.

Arcturo também disse, como Giri Bala e Teresa Neumann, que provaram ser possível viver exclusivamente da Luz de Deus, que sábios como Babaji e Sai Baba provam, com sua capacidade de se desmaterializar e se rematerializar, que nós também podemos obter um controle total sobre nossa estrutura molecular.

Os Mestres Que Ascenderam revelam que viver exclusivamente de Luz, ser capaz de desmaterializar-se e rematerializar-se, imortalidade física, cura pelo toque, expressar-se apenas pelo pensamento e não pela ação, são todas capacidades naturais adquiridas ou redescobertas quando nos entregamos ao Deus interior.

BABAJI

Em seu livro *Immortality,* Leonard Orr afirma que a maioria das pessoas pensa somente em Jesus e em sua ascensão quando seres imortais são mencionados. Mas existem muitos exemplos de imortais ao longo da história: St. Germain, Annalee Skarin, Elias, vários indianos hopi e alquimistas europeus, para citar apenas alguns. Nem todos optaram por permanecer nesse plano terreno. Um deles foi Babaji.

Correm muitas histórias sobre o grande imortal Babaji. Sediado em Herrakhan na Índia, ele foi um mestre de ioga em sua primeira encarnação e venceu a morte. Foi preservado em seu corpo físico e, embora tivesse milhares de anos de idade, manteve a aparência de um jovem de vinte e poucos anos. Dizem que tinha a capacidade de transformar seu corpo em Luz e de se materializar e rematerializar a seu bel-prazer.

Leonard Orr diz que algumas das primeiras formas de Babaji foram as de Shiva, Ram e Krishna. Depois, como Goraknath, ele concedeu a imortalidade física a dois reis no ano 57 a.C. Ambos estão vivos e ativos até hoje: Gopachand é um rei do Nepal e Bhartara vive no Radjastão.

Leonard diz que, além de instruir Jesus pessoalmente, Babaji também trabalhou com Moisés e Elias. Dizem que Babaji prometeu ficar nesse plano até todos conquistarem sua iluminação.

SAINT GERMAIN

Quando se fala de qualquer grande professor ou Mestre, é interessante notar que eles sempre operam em dois planos: em público e no papel que representam para o Divino e para a Hierarquia Espiritual que atualmente está supervisionando a evolução da humanidade no planeta Terra.

Como emissário da Grande Fraternidade Branca, trabalhando com o 7º Raio da Ordem e Magia Cerimonial, Saint Germain também é conhecido como Mestre Ragoczy.

Dizem que suas encarnações anteriores incluem Merlim e Cristóvão Colombo. Também dizem que foi José, pai de Jesus, e o profeta judeu Samuel.

Nos tempos modernos, é conhecido por seus livros *The I AM Discourses [Os Discursos do EU SOU]*, revelados através do médium Godfre Ray King na década de 1930. Um dos motivos mais fortes para se dizer que faz jus à fama é ter fundado *The Society of Rosicrusse Freemasons [A Sociedade Maçônica da Rosacruz]* com o nome de Francis Bacon. Dizem que também profetizou a Revolução Francesa.

St. Germain passou cerca de 85 anos na Fraternidade Trans-himalaia e com os Mestres El Morya, Kuthumi e Djwhal Khul, que revelaram mediunicamente a literatura teosófica original a Madame Blavatsky. Dizem também que desempenhou um papel importantíssimo na elaboração da Constituição Americana e na Declaração da Independência.

Acredita-se que nasceu em 1561 e é mais conhecido como o conde de Saint Germain, mas é conhecido também como o Regente da Europa, e se interessa basicamente pelo desenvolvimento da consciência ali. Um mestre da lingüística, falava todas as línguas européias, era um espadachim excepcional, um mestre do violino, possuía um extraordinário poder mental e memória fotográfica.

Rico e independente, a lenda diz que foi um mestre alquimista capaz de transformar metal não precioso em ouro da melhor qualidade, que nunca perdia o brilho. Dizem também que nunca comia nem bebia nada, e que manteve a aparência juvenil de um homem de cerca de quarenta e cinco anos. Como viveu durante muito tempo como imortal, encenava constantemente a própria morte e assumia uma outra personalidade.

Trabalhando com o arcanjo Zadquiel, ele está ensinando a humanidade a transformar a energia negativa que acumulamos utilizando e preservando a Chama Violeta da Transmutação, a chama do perdão.

Também está ajudando a humanidade a assimilar o 7º Raio da Liberdade Espiritual à medida que conseguimos nossa Ascensão. Esse Raio compreende:

- Liberdade em relação ao ciclo de vida e morte.
- Liberdade para realizar a vontade do Deus Criador Pai/Mãe.
- Liberdade para superar as limitações terrenas.
- Liberdade para reconhecer a Força Vital Divina.
- Liberdade para reconhecer que essa Força Vital Divina é a expressão de Deus em miríades de formas individualizadas.
- Liberdade para reconhecer a totalidade em que tudo é uma parte.
- Liberdade para dissolver os véus da ilusão, da separação e da ignorância.

A liberdade espiritual é o sétimo passo na escada da iluminação e é concedida depois que a pessoa assimila os aspectos da:

- Vontade e Poder
- Sabedoria
- Amor Divino
- Pureza
- Cura
- Paz.

A IOGA DA VIDA ETERNA

Vrishvahan Samadhi (Soruba)

por Leonard Orr

O apogeu da ioga é o iogue imortal. O iogue imortal é um mestre absoluto do espírito, da mente e do corpo. Os iogues imortais conseguem sobreviver e sentir a felicidade suprema sem comer e sem lançar mão das facilidades da civilização que a maioria das pessoas considera essencial para a sobrevivência e bem-estar do ser humano. O iogue imortal é livre – totalmente livre.

Os iogues imortais são senhores da terra, do ar, da água e do fogo. São senhores da morte, do tempo e do espaço. Desenvolvem corpos de luz que podem se desmaterializar, viajar com a velocidade do pensamento e se rematerializar. São grandes almas humanitárias. Ensinam mais pelo exemplo do que dando aulas ou escrevendo. São senhores de sua mente e de suas emoções. As práticas da ioga que levam à morte do corpo são apenas a sombra da ioga da vida eterna. E, apesar disso, a ioga da vida eterna e o controle total são simplicíssimos. Quando você a experienciar, vai se perguntar como foi que não pensou nisso antes.

Jesus é o exemplo da ioga imortal mais conhecido entre os ocidentais. Jesus passou metade de sua vida na Índia estudando com os imortais. No entanto, o ministério de Jesus no Ocidente foi de apenas três anos, e ele não deixou muito conhecimento atrás de si – a menos que você inclua o Evangelho Essênio da Paz que, evidentemente, foi escrito depois da ressurreição.

Depois de aprender tudo o que podia com o estudo da Bíblia ao longo de 22 anos, o Anjo do Senhor apareceu diante de mim e me disse que fosse para a Índia estudar com os imortais. Em 1977, conheci meu primeiro iogue imortal. Desde então, conheci oito. Eles devem estar no mínimo há 300 anos no mesmo corpo para me interessar, porque a maioria dos escritores e mestres da imortalidade física já morreram. A imortalidade física não é importante enquanto a pessoa não conseguiu preservar o corpo em boas condições durante 200 anos pelo menos.

A ioga da vida eterna que apresento a seguir são os pontos principais – os denominadores comuns das práticas de todos os imortais que conheci. Note que os pontos principais não são intelectualmente estimulantes. As práticas é que são. Não são algo que você aprende. São algo que você faz. São como a água que corre incessantemente, como o fogo que está sempre se consumindo. O vento que sempre se move. A terra, sempre mudando e sempre alimentando. Os iogues imortais que realizam essas práticas simples estão sempre despertos e vivos. Esse é o fundamento da vitalidade pessoal. A imortalidade física é qualidade de vida, não quantidade.

Para mim, a existência humana sem o objetivo do controle total não tem graça, nem sentido. Você poderia dizer que o estudo dos imortais é o principal interesse de minha vida. Fico surpreendido com o fato de as pessoas se contentarem com vida e morte superficiais.

Vrishvahan é uma palavra sânscrita que significa ter um corpo de luz imortal e indestrutível que pode transfigurar ou desmaterializar e rematerializar o corpo humano a seu bel-prazer. Soruba é uma palavra tamil que significa a mesma coisa, ter um corpo humano perfeito no qual espírito, mente e corpo estão totalmente integrados. As práticas básicas descritas aqui desenvolvem naturalmente a alma até ela chegar a esse elevado estado de controle do corpo. Algumas pessoas podem precisar de algumas décadas de prática e outras, de alguns séculos. A ioga da vida eterna pode ser simples, mas não é superficial.

Os segredos dos grandes iogues imortais da Índia são tão simples e óbvios que acabaram sendo desprezados pelos filósofos.

A Sadhana Eterna da Shiva Ioga está profundamente enraizada na cultura indiana. Como nasci nos Estados Unidos e me tornei um estudioso do Cristianismo evangélico, talvez tenha sido mais fácil para mim do que para as pessoas nascidas na Índia enxergar o óbvio. Tive o privilégio de estudar com Shiva Yogi Goraknath Baba Hadidakhanm. Na Bíblia, ele é conhecido como o Anjo do Senhor, o Pai eterno ABBA em forma humana, na oração de Jesus ao Senhor. ABBA é a palavra que designa o Pai no Novo Testamento em grego. É uma forma íntima correspondente ao Baba sânscrito.

Ar, fogo, água e terra são os segredos da vida eterna, da saúde e da juventude do corpo. A ioga dos mantras é o segredo da saúde mental e controle da mente e das emoções.

Todos no Ocidente têm encanamento e água quente dentro de casa. Por causa disso, é normal a maioria das pessoas tomar banho duas vezes por dia, que é a prática dos iogues imortais. Descobri que, para mim, é necessário ficar mergulhado pelo menos uma hora em água quente todos os dias para limpar a poluição da energia emocional negativa que recebo como conseqüência de minha participação normal no mundo. A água quente abre e limpa os chacras. A água fria os fecha automaticamente. Em geral termino o banho com um chuveiro frio.

Muitos milionários norte-americanos receberam inspiração e energia mental para seu sucesso mergulhando em água quente na banheira.

Todos na Índia que dão valor à saúde e juventude eterna dos iogues imortais conseguem ganhar dinheiro para comprar uma banheira e um aquecedor de água. Quando viajo a pé pelo Himalaia, uso um pedaço grande de plástico e aqueço a água num balde de metal. Coloco o plástico entre as rochas para construir uma banheira. É baratíssimo. Considero o banho quente de banheira o dom supremo da civilização espiritual. A água pode ser aquecida pelo sol, por aquecedores solares de água, ou por seu *dhuni.*

O segredo supremo da vida eterna é limpar o corpo energético. O banho de banheira diário limpa a energia do corpo. A água limpa a mente mais depressa do que esta se limpa a si mesma. O batismo é o símbolo cristão da purificação pela água. O banho diário é a realidade desse símbolo.

Com o exemplo dos *saddhus* da Índia que vivem num *dhuni*, aprendi o valor da purificação pelo fogo. E, claro está, pela graça e exemplo supremo de Babaji (Shiva Yogi Goraknath de Herakhan), dominei o segredo do fogo. Elias é o grande iogue do fogo na Bíblia.

Acho que obtenho mais poder ao dormir com o fogo todas as noites, como os *saddhus*, que da *yagna*, mas não tenho certeza. Obtenho um tremendo poder místico, nas profundezas de minha alma, toda vez que participo de uma *yagna* (cerimônia do fogo realizada por sacerdotes indianos). Até o ano 70 d.C, a religião da Bíblia baseava-se na cerimônia do fogo.

Quando nos sentamos ou dormimos perto de uma fogueira, as rodas de nosso corpo energético passam pelas chamas e purificam-se. A poluição emocional de participar do mundo é consumida ali. Os impulsos de morte são dissolvidos pelo fogo e pela água trabalhando juntos à medida que limpam e equilibram a energia corporal. A purificação da água e do fogo são grandes segredos da vida e da juventude eternas. O fogo e a água nutrem o corpo com a energia vital da mesma maneira que a comida.

Ar é sinônimo de respiração. Precisamos aprender a respirar energia da mesma forma que respiramos o ar – *pranayama*. O *pranayama* simples que pratico é o *pranayama* dos bebês recém-nascidos. As criancinhas pequenas fundem a inspiração com a expiração num ritmo contínuo. Conectar a inspiração com a expiração é a forma mais simples e natural de *pranayama*. É o *pranayama* da vida eterna. Baba Goraknath também me ensinou o valor de três respirações com alternância das narinas feita diariamente, para manter os *nadis* limpos.

Fundei um movimento espiritual nos Estados Unidos em 1974, e ele se propagou espontaneamente até atingir mais de 10 milhões de pessoas no mundo inteiro; esse movimento se chama *Rebirthing [Renascimento]*. Renascer significa praticar o *pranayama* enquanto se relaxa numa banheira de água quente.

Renascer também significa desembaraçar-se do ciclo de nascimento-morte, liberar a alma e o corpo do trauma de nascimento e impulsos de morte. Renascer significa tornar-se uma expressão consciente do Espírito Eterno. Babaji referiu-se certa vez ao renascimento como a nova ioga. A inspiração intuitiva de energia no banho é uma prática muito elevada e simples de ioga.

Ioga da terra significa controlar a alimentação, o sono e a prosperidade. As disciplinas básicas são jejuar um dia por semana, só tomando líquidos: leite ou suco no início, depois só água pura no dia de jejum, quando temos condições de fazer isso. Levantar-se todos os dias antes do sol nascer e ter um sistema eficiente de exercícios físicos.

Os imortais da Bíblia, Moisés, Elias e Jesus, fizeram jejum de comida e água durante 40 dias. Os imortais da ioga podem passar sem comida e água durante anos. Podemos vencer o sono mantendo-nos acordados durante a lua cheia o maior tempo possível e levantando-nos todos os dias antes do sol nascer. O sono é morte. Prosperidade significa produzir idéias, mercadorias ou serviços de valor para outros, assim como para nós próprios. A prosperidade vem naturalmente quando servimos os outros. Recebemos dinheiro dos outros quando lhes damos idéias, mercadorias e serviços pelos quais estão dispostos a pagar.

A grande ioga para a era *kali yuga* é a *karma yoga*. Os *saddhus* dessa era trabalham no mundo em regime de meio período e têm práticas de austeridade durante o resto do tempo. *Karma yoga* – todos trabalham – também é uma prática de austeridade. O verdadeiro trabalho no mundo é *dharma – sadhana*. Deus diz: "trabalhar é cultuar". Mas não conseguimos sobreviver no mundo sem práticas espirituais. As pessoas perdem rapidamente a saúde e o corpo se deteriora nesse mundo "louco por dinheiro", sem purificação espiritual com terra, ar, água e fogo. Jejuar, respirar, tomar banho e o fogo limpam o corpo emocional e curam o corpo físico.

Quando nossa purificação espiritual não é completa, podemos adquirir uma "barriga de guru". O excesso de poluição da energia emocional acumula-se no chacra do plexo solar e produz a barriga de guru – que pode ser chamada de gordura psíquica ou energia emocional poluída.

Existem oito exercícios básicos na ioga da vida eterna. Todas essas práticas alimentam e limpam nossa energia vital, nossa alma e nosso corpo, a aura corporal em forma de arco-íris.

A respiração, o fogo, o banho de banheira, a vitória sobre a necessidade de comer e o trabalho são as quatro práticas que levam ao domínio do corpo. O corpo é terra, ar, água, fogo e mente. O Shiva Samhita diz: "a energia e o pensamento primeiro criaram o ar, depois o fogo, depois a água e finalmente a terra".

A mantra ioga leva ao domínio absoluto da mente. Babaji ensinou-me que *"om namaha shiviaya"* é o mantra *maha*. Em hebraico, o mantra é pronunciado de trás para a frente – *"yava shim omen"*. Essa é minha dieta normal. Também aumento meu poder trabalhando com alguns mantras – *"bhole baba ki jai, on maha mrjitenjai, jai maha maya ki"* e *"om Jesus Christ, jai Jesus Christ"*.

O sexto princípio é a graça. A graça surge quando nosso amor por Deus se encontra com o amor de Deus por nós. A graça da vida eterna pode ser expressa pelo seguinte pensamento: "Estou vivo agora, portanto meus impulsos de vida são mais fortes que meus impulsos de morte." Enquanto eu estiver fortalecendo meus impulsos de vida e enfraquecendo meus impulsos de morte, continuarei vivendo com saúde e juventude.

Precisamos aprender a descansar no Senhor – nossa Fonte.

As técnicas de purificação espiritual nos tornam mais vivos, mas a graça da vida nos mantém vivos enquanto as praticamos.

O oitavo princípio da ioga da vida eterna é o respeito pelos santos. Isso significa aprender com os grandes iogues imortais que mantiveram seu corpo jovem e com saúde durante mais de 300 anos. Passar algum tempo com essas pessoas é o maior privilégio dessa vida. Uma coisa que eles nos ensinam é descobrir Deus em todas as pessoas, principalmente naquelas mais próximas de nós, nossa família e nossos amigos.

OS ARCTURIANOS - Mensagem de Arcturo
"A PORTA DO CORAÇÃO"

"Saudações, caros amigos da Luz. Aqui é Arcturo, participando de sua reunião. Uma coisa tão simples, não é? - Ter dentro de nós a capacidade de ir além das dimensões e através delas, além do espaço, além do tempo...

Dissemos a todos vocês reunidos aí que seu ser conhece a expressão em todas as dimensões. Vocês estão ligados à Fonte da Criação. Todos os seres nascem do fogo, a energia e o amor do Deus criador Pai/Mãe. Em sua capacidade de compreensão está o conhecimento de que vocês não estão separados. O Deus Pai/Mãe reside dentro de seu ser, não fora dele.

Vocês entenderam que são Mestres, que são co-criadores, e da co-criação, meus caros, vem a criação. Vocês podem criar a experiência que seu coração deseja por meio de seu foco. É simples: todos os dias vocês se concentram em simplesmente dar a si mesmos, a seu ser físico, um banho, um chuveiro de Luz interior para vocês mesmos se tornarem Luz.

Entendem a vastidão da consciência. A consciência que é Eu, Arcturo, é individualizada. Sim. Tem uma nota de conhecimento, mas é a mesma consciência que reside na vastidão de Tudo O Que É, que é vocês também.

A consciência é elástica e é governada pela mente, a Inteligência Divina que habita o interior. Vocês têm a capacidade de entrar num estado de Tudo Saber. É esse aspecto que a Luz vai despertar para permitir que vocês simplesmente desloquem a percepção - seu foco - nessa viagem de religação a tudo quanto desejarem, seja o que for. Se desejarem estar de novo no sistema de Sírius, basta querer estar lá.

É como um pescador que atira sua linha no vasto oceano. É o anzol, a chumbada da linha, que aterrissa lá muito longe da praia, mas é intenção do pescador de atirar sua linha, não é? - que cria essa possibilidade.

E é assim que vocês deslocam sua consciência através das galáxias e universos dessa dimensão para outra. É sua intenção, sua concentração no que desejam conseguir, para onde desejam ir. Há um aspecto de sua consciência que vai chegar lá. Esse aspecto é como aquele anzol, aquela chumbada da linha de pescar. Tem o peso necessário para atingir o mar de energia que reside no local para onde vocês o dirigirem. É o poder de seu pensamento, de seu foco, de sua intenção, que a lança voando através do tempo e do espaço.

A viagem interdimensional é simples. Reconheçam que vocês são essencialmente seres muldimensionais. Seu ato de pensar vai impulsionar sua energia para a frente ou para trás. Vocês estão aprendendo a disciplinar seu pensamento. Vocês podem pensar que são limitados e podem pensar que são ilimitados.

Nossos sistemas estelares, meus caros, é um sistema de Seres Que Ascenderam. Todos os seres que se movem no interior dos campos energéticos conhecidos como o sistema Arcturiano entenderam que o Divino está dentro, entenderam o poder que a mente tem de criar e o dano produzido por uma mente cheia de impurezas. Quando, por meio da disciplina, concentramo-nos na pureza da expressão criadora do Deus Pai/Mãe, então começamos nossa Ascensão.

Entendemos que temos condições de acender a Luz do Ser Divino dentro de nós, deixar que aumente dentro de nossa forma celular, criando uma nova matriz de energia - aquilo que vocês chamam de Corpoluz - e dissolver a estrutura molecular da forma sólida em Luz. Isso nós fazemos há muitas eras e esse é o desafio que os seres desse plano têm de enfrentar a essa altura de seu tempo linear.

É uma transformação pela qual todos vocês já passaram. Vocês têm dentro de si a memória celular de ter passado por isso quando eram seres alimentados pelos éteres, pelos planos superiores, pela Força Universal - antes de sua base ter passado do silicone para o carbono. E agora vocês estão revertendo o processo. Quando vocês revertem o processo, recuperam a pureza da energia do silicone.

É a mesma substância de que são feitos os seus cristais. Aqueles seres que são refratados pelos feixes de energia conhecidos como cristais têm um poder ilimitado. São condutores de energia. Iluminam as grandes cidades. Equilibram os feixes de energia das grandes cidades em total harmonia e alinhamento com as formas de pensamento das massas de faíscas individualizadas de consciência e energia que residem nos reinos superiores, dando expressão ao Poder Divino e respeitando-o.

E a chave da porta que leva aos reinos superiores, meus caros, é simplesmente o desejo do fundo do coração.

É interessante observar seu sistema planetário, pois muitos estão explorando novas energias, como a fusão e a fissão. Vocês criam veículos de metal. Saibam que toda civilização que trabalha com veículos de metal ainda não compreendeu a matriz da energia Divina dentro de seu ser, que são os veículos da Luz – que vocês chamam de Merkabahs –, nem o poder do pensamento além de Merkabahs. Pois foi a Inteligência Divina que os criou. Quando vocês fisgam a matriz interior de energia do Divino é que obtêm acesso a todas as dimensões e viajam a seu bel-prazer.

Só depois que os cientistas começarem a abrir o caminho para a Divindade interior é que serão capazes de criar veículos de Luz e ir além da tecnologia limitada que estão explorando atualmente.

Os dons são tão simples e, apesar disso, vocês estão presos na armadilha do plano físico há tanto tempo que se esqueceram da simplicidade. Nunca ouviram dizer que são as crianças que criam o céu e herdam a terra? Estou falando simbolicamente, meus caros. A humanidade tem de assumir sua inocência infantil.

Entendam que a simplicidade é a chave. Entendam que a chave é a pureza de coração, a capacidade de se amarem uns aos outros incondicionalmente. A Ciência Superior da Luz é apenas a capacidade de deslocar a energia pelo seu corpo, a energia da Luz e do Amor, pois só ela os impulsionará até a próxima dimensão.

No sistema Arcturiano, todos os seres têm a mesma aparência. Não temos o desejo de reconhecimento no plano da aparência, pois nos sintonizamos com a emissão de energia, a emissão de sinais de Luz e Amor que emana do fundo do coração. Não nos concentramos na forma física, simplesmente decodificamos as estruturas de Luz, a profundidade do Amor que vem do centro do coração. Pois o coração é a porta para as dimensões superiores.

Como no caso de seu sistema, os Arcturianos continuam a evoluir voltando à totalidade de seu ser. Nosso sistema tem cinco dimensões. Está começando a entrar na oitava superior da quinta fronteira com a sexta. Trabalhamos livremente com os Mestres Que Ascenderam e com outros Seres de Luz que se movem em todas as outras dimensões de expressão. Há comunicação livre, seja telepática, seja nas línguas da Luz. As línguas da Luz estão além de sua matriz de pensamento telepático. São as línguas que permitem reconhecer a vibração da emanação de Luz de cada alma individualizada, de cada unidade individualizada de consciência.

A partir da quinta dimensão, entrando na sexta e na sétima, a consciência sai do estado individualizado e se transforma em consciência coletiva, trabalhando em unidade e harmonia além da individualização.

Seu sistema planetário é um sistema de unidades individuais de consciências presas na armadilha da forma limitada e governadas pelo ego e pela mente inferior. Agora vocês estão começando a despertar para a natureza ilimitada de seu ser.

À medida que sua consciência aumentar, vocês vão aprender a trabalhar juntos em harmonia – exatamente como os instrumentos individuais de uma orquestra. Esse é um período de grandes mudanças em seu planeta. Vocês estão aprendendo a se sintonizar e a harmonizar suas energias. Pois há uma canção a ser cantada nessa Terra, e é uma canção de harmonia e unidade.

Vocês passaram tanto tempo emitindo juízos de valor... 'Esse é o único caminho. Esse é o meu caminho. Vocês têm de fazer as coisas à minha maneira e, se não fizerem, serão punidos.' Não funcionou, não é mesmo? Ficar julgando os outros só criou separação e sofrimento.

A reunião aqui é um encontro da unidade dos corações. De corações que anseiam pela paz interior e pela paz exterior. De corações que anseiam por descobrir mais uma vez a grandeza e a natureza ilimitada de seu ser.

Vocês têm praticado. Muitas vezes, durante a noite, vocês são libertados de seu corpo físico para ir até dimensões superiores da Luz, para outros sistemas planetários, a fim de aprender. Quando voltam a seu corpo físico, trazem vagas lembranças dessas excursões e muitas vezes sentem que foram a algum outro lugar. E foram mesmo.

Vocês existem em todas as dimensões de expressão e, a cada respiração, podem conhecer cada vez melhor o Deus interior, até se fundirem conscientemente com o Divino. Ao concentrar seu pensamento e o poder de sua intenção, vocês têm a capacidade de se mover livremente por todas as dimensões da expressão.

Então vocês não sabem, meus caros, que, para realizar sua Ascensão, tudo o que têm a fazer é instruir seu ser com o poder de um único pensamento concentrado? Basta cantar para si mesmos, com todo o seu coração, com toda a sua alma e com todo o poder de sua intenção que 'EU SOU um Ser Elevado de Luz Infinita e Amor Infinito.' É isso que se tornarão!

Em termos essenciais, não há mais nada que vocês precisem saber. No entanto, é divertido participar dessas brincadeiras ao longo do caminho, não é? É um processo de redescoberta. Talvez alguém queira fazer perguntas. Convidamos vocês, meus caros seres de Luz, a fazer o mesmo.

P: SOBRE BILOCAÇÃO E TELETRANSPORTE. QUAL É SUA EXPERIÊNCIA SOBRE ESSES TÓPICOS?

R: Seres como eu não assumem forma física e, por isso, não há necessidade de bilocação, nem de teletransporte, pois não precisamos manipular a estrutura molecular. Já tivemos o prazer de estar encarnados num corpo físico, mas não optamos por ter um corpo físico há muitas eras. Nossos seres, nossos campos de energia, são manipulados exclusivamente através do pensamento, que atua espontaneamente.

Um aspecto de nossa consciência reside em todas as estruturas atômicas, dentro de todo espaço e de todo tempo, pois compreendemos que somos Tudo O Que Existe, somos a Energia Criadora. Mas podemos, concentrando o pensamento, reunir feixes de energia luminosa que podemos projetar numa forma e desencadear o processo de conhecimento dentro dos seres.

No sistema Arcturiano, é possível assumir um 'corpo', que é muito pequeno e sofisticado. Quando nos materializamos em nossos reinos, podemos assumir a forma de anjos, se for necessário para estabelecer contato com vocês. Mas, voltando à pergunta, pois acabamos numa digressão...

Seu foco, em vez de se concentrar em sua natureza multidimensional, concentra-se em sua forma física. Agora vocês estão apenas lembrando que têm a capacidade de se desmaterializar, de se teletransportar, e que não estão limitados ao corpo físico. À medida que mudarem sua matriz energética e, com ela, sua consciência, e à medida que tiverem um conhecimento maior de seu ser ilimitado, serão capazes de entrar e sair do corpo físico a seu bel-prazer, sem preocupação com a forma física. Quando seu foco se limita ao corpo físico, ele restringe vocês.

Vocês estão descobrindo que podem sair do plano físico sempre que quiserem. Esses são instrumentos e técnicas para deslocar a consciência e é isso que a bilocação é, em essência.

Alguns dos seres de Luz desse plano e que personificaram o Eu Crístico dentro de si, trazendo-o para o primeiro plano, assumiram o papel de mestres e estão acendendo a chama do coração de muita gente.

Muitos, quando começam a dominar o poder da mente para a bilocação, usam-no para abrir as portas que levam a dimensões superiores de expressão e a explorar o que esqueceram. E isso é tudo.

P: QUANDO ESTAMOS ASSIMILANDO A LUZ, A INTENÇÃO TEM DE SE MANTER FOCADA?

R: A Luz é ilimitada. A Luz é a força de Deus. Descobri que muitos de vocês, quando começam sua manifestação, ainda desejam apegar-se aos detalhes da maneira como se dará a manifestação. Vocês desejam manter o controle.

Esse é um processo de entrega, de confiança. Para obter o domínio da mente, vocês só precisam ter clareza de foco, clareza de intenção. Procurem ter clareza do que é que vocês, enquanto Mestres, desejam criar nesse plano. E depois é só esperar que aconteça!

Quando sua expectativa, seu desejo, é apenas despertar de novo o Deus interior, introduzir a Luz e o Amor de Deus em todas as células de seu ser, ordenem que assim seja feito! Não se preocupem com a maneira como se faz. Acontece!

P: POR FAVOR, SERÁ QUE PODERIA DETALHAR PARA NÓS O SIGNIFICADO DE ASCENSÃO, DAS MUDANÇAS PELAS QUAIS VAMOS PASSAR?

R: A ascensão é um estado de ser, um estado de perfeição que lhe dá a liberdade de se mover por todas as faixas energéticas de todas as dimensões. Ascensão significa assumir totalmente a natureza de seu Eu. É encher-se de Luz mais uma vez. Pois a Luz é o aspecto do Deus interior.

Muitos seres estão em ascensão contínua. Assim como você ascende numa dimensão, ascende para a seguinte. É como tirar o diploma do ensino fundamental, depois do ensino médio e depois entrar na universidade.

E quando você se forma, encontra-se de volta nos braços do Divino como um ponto de consciência completamente unificado, pois ele se perdeu na vastidão de Tudo O Que É. É seu presente de formatura. Faz sentido? (Faz.) O que mais você quer saber?

P: TALVEZ MAIS ALGUMAS INFORMAÇÕES SOBRE AS MUDANÇAS EM JOGO?

R: Mudanças, meu caro? A quarta é a última dimensão em que você precisa de um corpo – em que você carrega a sua consciência numa forma física. Quando você entra na matriz de energia da quinta dimensão, você cria um corpo sempre que quiser.

Agora vocês estão concentrados em sua forma nessa dimensão, com consciência de que há portas e acesso a outras dimensões. Quando vocês estiverem na quinta, vai ser o contrário. O ponto focal de sua consciência estará na quinta, com acesso de volta à quarta e à terceira, conforme o desejo de seu coração, conforme seus contratos e os serviços que desejam prestar. Toda dimensão tem esses arranjos contratuais com o Divino.

E quando vocês estiverem na quinta, vão começar a ter acesso às portas que levam a dimensões superiores. Algo que vocês podem ter agora, meus caros. Muitos dos Mestres Que Ascenderam residem na sétima dimensão e têm acesso às portas que os trazem de volta, passando pelas diferentes realidades, sintonizando na realidade coletiva que cada dimensão cria.

A realidade coletiva dessa dimensão é a de separação, de juízos de valor e desarmonia. O que está mudando, à medida que as energias superiores e o desejo do coração de todos começam a permitir que venha à tona um novo nível do ser.

Na quinta dimensão, tudo é criado espontaneamente por meio do pensamento. Se vocês quiserem visitar um templo, um templo manifesta-se imediatamente à sua frente. Tudo e qualquer coisa que vocês pensam manifesta-se. Há necessidade de disciplina de pensamento e de um reconhecimento universal da harmonia. Há a necessidade de reconhecer a presença do EU SOU dentro de todos os seres e de agir de acordo com esse reconhecimento, de modo a não prejudicar nenhum desses seres. Nesse plano de expressão, você assume um corpo quando é necessário, quando você deseja. Bilocação é uma coisa que não existe aqui, pois a desmaterialização é um processo simples de pensamento e ocorre instantaneamente.

Há uma energia de Amor absoluto e incondicional, assim como excitação e sensação de reconhecimento concomitantes com esse estado de ser. Ao mesmo tempo, há também o desejo de ver todos os seres se fundirem com o EU SOU Divino em todos os momentos.

Na sexta dimensão, você continua se tornando um ponto de expressão cada vez mais pura de energias criadoras. Consegui ajudá-lo? (Sim, obrigado.)

P: PODERIA EXPLICAR MELHOR A DIFERENÇA ENTRE MORTE FÍSICA E ASCENSÃO COM ESSE CORPO?

R: No lugar de onde viemos, em nosso plano de expressão, morrer é, na verdade, jogar fora o chapéu velho. Pois sabemos que criamos o corpo e, por isso, podemos desmanchá-lo e recriá-lo a nosso bel-prazer. Vocês ficam muito apegados à forma física desse plano porque não reconhecem a natureza ilimitada de sua essência Divina, nem as faculdades de sua essência Divina.

Se reconhecessem, meus caros, vocês poderiam assumir um corpo a seu bel-prazer e abandoná-lo a seu bel-prazer. Se quisessem se transformar em uma loira escandinava, vocês criariam o seu corpo. Se quisessem ser um negróide alto, vocês criariam o seu corpo. Só para se divertir. Como quando vocês trocam de roupa.

É por causa de sua crença na limitação que vocês se apegam tão intensamente à forma física. O processo de nascer nesse plano é muito mais difícil que o de morrer.

Uma certa pessoa pode ter consciência bastante para entender a imortalidade da alma, como os seus budistas. Muitos budistas sentem que o corpo físico é irrelevante porque a alma é eterna. Mas quando vocês adquirem o verdadeiro domínio, por quê os campos energéticos da forma física, que abrigam a sua alma, não podem ser mantidos até vocês terminarem de realizar sua missão?

A ascensão nesse corpo é simples domínio do agora. É uma questão de entender que seu contrato é estar aqui durante algum tempo, manter a forma física em sua melhor condição e, quando o contrato acabar, fundir o corpo físico com a Luz. Você mantém a lembrança dele, sua matriz energética, guardada nos reinos etéricos para usar a seu bel-prazer, quando houver necessidade.

Maria, a Nossa Senhora que aparece para tanta gente, é um ser de Luz dourada e reluzente. É a Mãe dos Angélicos. No entanto, ela manteve a matriz, a imagem de sua encarnação anterior nesse plano porque, essa é a forma que acende a chama do coração. Se Ela aparecesse como um monstrinho verde e peludo com olhos vermelhos, as pessoas não diriam, 'Puxa, essa é a Nossa Senhora' (muitas risadas); mas quando Ela aparece com Seu vestido azul e Seu rosto angelical, elas dizem, 'Minha Nossa Senhora, reconheço sua imagem!'

O mesmo acontece com Aquele que vocês conhecem como o Senhor Sananda, meus caros. A consciência Dele é tão grande... Não foi Sananda que encarnou na forma de Jesus, mas apenas um aspecto de Seu ser, o que manteve as vibrações da freqüência mais elevada e mais requintada de todas, de modo que o indivíduo conhecido como Jesus poderia ser usado como um Cálice Santo por todos os reinos Elevados para deixar em seu plano uma marca daquele tempo e transmitir a mensagem.

Mas Jesus tinha Sua própria consciência individual. Faz sentido? (Sim.) Ele continuou Sua própria evolução, mas estava apenas a serviço da Causa Maior – a Primeira Causa – sustentado por aquela faísca do Senhor Sananda. E quando o Senhor Sananda faz surgir uma imagem, Ele faz surgir a imagem do Cristo, do Senhor Jesus, pois ela desencadeia o processo de conhecimento em seus corações. Fizemos uma digressão, mas será que o que eu disse respondeu a sua pergunta? (Sim, obrigado.)

P: POR FAVOR, TENHO MAIS UMA PERGUNTA A FAZER. À MEDIDA QUE PASSAMOS PELAS MUDANÇAS NESTE MOMENTO – A MAIORIA DE NÓS ESTÁ ABSORVENDO MAIS LUZ COM O CORPO – ÀS VEZES PERCEBEMOS ÁREAS QUE ENTRAM EM CONFLITO, TALVEZ ANSIEDADE DO EGO. VOCÊ PODERIA NOS DAR ALGUNS CONSELHOS PRÁTICOS SOBRE O QUE FAZER NESSES MOMENTOS PARA IMPEDIR O INTELECTO DE ENTRAR EM CONFLITO E PACIFICAR ESSE NOSSO LADO?

R: Deixe as coisas acontecerem, meu caro, meu caro filho da luz. Você passou por um grande sofrimento, não passou? (Sim.) Esse corpo tem uma lembrança de grande dor e sofrimento. Muitos corpos estão numa situação semelhante à de uma criança assustada. Não é o corpo físico, meu caro, é o campo energético que é envolvido pelo corpo emocional.

Mas o corpo emocional tem plena compreensão e sente completamente todas as experiências de todas as encarnações. É guiado pela mente que trabalha de mãos dadas com o ego. Está entrando na matriz energética, onde precisa abrir mão do controle – onde a mente inferior precisa fundir-se com a expressão divina mais elevada.

Aqui o corpo emocional e o ego sentem-se um pouco inseguros em relação ao que está acontecendo, como se seu poder estivesse sendo usurpado de algum modo. Ame todos os aspectos de seu ser, só isso. E, quando esses temores se manifestarem, basta você se programar com seu conhecimento superior: 'Caminho com segurança. Com alegria, com harmonia, com segurança, dou agora um passo no desconhecido.' Vocês precisam entender que o desconhecido também é conhecido, talvez só não o seja ainda em seu banco de dados, em sua memória consciente, talvez ainda não tenha vindo à tona.

É uma questão de aumentar o poder do eu com amor. Quando esses temores surgirem, reconheçam provisoriamente a sua existência. Vocês precisam entender que estão tendo a oportunidade de ir além do medo, de combater o medo sabendo que vocês são seres amorosos, vastos, ilimitados, que vocês caminham com segurança em direção à sua própria divindade. Consegui ajudá-lo, meu caro? (Sim, obrigado.)

P: TENHO UMA PERGUNTA SOBRE VIBRAÇÃO. TENHO PRATICADO A PULSAÇÃO HOLÍSTICA ULTIMAMENTE. O QUE ESTOU QUERENDO SABER É QUAIS SÃO AS MAIORES PROFUNDEZAS DA VIBRAÇÃO QUE CRIAMOS NO CORPO - É UMA COISA BOA DE SE FAZER?

R: Meu caro, caro amigo, tudo o que seu coração o inspirar a fazer, é para você fazer. Vocês são estruturas únicas de energia, e seguir essa orientação interior é algo que dá um outro sabor, por assim dizer.

Portanto, quando receberem orientação interior para realizar essa prática, é por ser algo que vocês precisam assimilar em seu campo energético. Depois de assimilá-la, dividam esse conhecimento com outros que forem atraídos para vocês.

Compreendam que está havendo um processo simultâneo, meus caros amigos da luz. Há o seu desenvolvimento e há o desenvolvimento de seu planeta. Vocês estão trabalhando em conjunto com uma matriz energética coletiva. Portanto, à medida que mudarem a si mesmos, estarão mudando os outros.

À medida que vocês são orientados no sentido de explorar

essas coisas, meus caros, todo e qualquer trabalho que refine sua freqüência – que os leve para freqüências superiores – possibilita a abertura de canais para o Corpoluz sobrepor-se a seu corpo.

Muitos de vocês têm bloqueios no circuito elétrico. Esses bloqueios foram produzidos pelo fato de não permitirem, de não compreenderem a necessidade do fluxo desimpedido de energia, e por encarnações anteriores vividas com muita dor e sofrimento.

Se vocês, meus caros amigos da luz, forem orientados por sua vocação interior a fazer alguma coisa, saibam que isso é um dom. É algo que vai lhes permitir se refinarem um pouco mais, se realinharem um pouco mais. Mas tenham cuidado, tudo tem de vir do chamado interior do Mestre Interior, meus caros. É preciso que seja mais um saber que vem do coração do que somente uma inspiração vinda dos outros.

Meus caros, talvez mais uma pergunta e depois faremos uma pausa.

P: PODERIA EXPLICAR UM POUCO MELHOR AS RELAÇÕES COM OS ANIMAIS E NOSSO PAPEL EM RELAÇÃO AOS OUTROS ASPECTOS DA NATUREZA NESSE PLANO?

R: Em que altura do tempo? Essa talvez seja uma pergunta capciosa, meu caro. Entenda que quando a humanidade encarnou nesse plano de expressão há bilhões de anos atrás, foi como se o Deus Criador Pai/Mãe lhe tivesse dado o mais incrível dos paraísos.

Pois esse planeta terrestre, a Mãe Gaia, tinha abundância de tudo o que a imaginação pudesse conceber. O melhor de todas as expressões criativas que foram produzidas em outros sistemas planetários foi reunido nesse plano – suas formas de vida, seus animais, seus pássaros, as expressões da natureza estavam todas aqui.

Os seres humanos, quando encarnaram e foram energizados por esse plano – a história é bem complicada e não é relevante nesse momento – receberam a responsabilidade de zelar por essa beleza de expressão, reconhecendo que toda criatura tinha dentro de si uma centelha da energia divina que também pulsa no seu âmago. Eram seus irmãos, suas irmãs – diferentes na forma, mas seus irmãos e irmãs. Talvez não tivessem a complexidade de todos os corpos que vocês têm, mas, apesar disso, tinham a força vital.

Foi uma época maravilhosa – vocês se esqueceram dela. Os animais trabalhavam em planos intuitivos do estado de comunhão, pois eram muito felizes na pureza de sua expressão.

A discórdia no interior do reino animal resultou da discórdia do reino humano, que cometeu abusos, testou, fez mal, matou e assassinou em nome da sobrevivência. No entanto, se vocês entendessem a verdadeira essência da energia que os sustenta, não tomariam parte nessas práticas bárbaras.

Não estamos aqui para julgar, meus caros. O que aconteceu nesse plano também faz parte da perfeição divina. Vocês se desviaram de sua divindade em seu entendimento consciente, mas agora podem assimilar essa divindade com uma alegria que vem do fundo do coração, depois de não tê-la sentido há muito tempo. Tudo é perfeição.

A inter-relação que vocês sentem com as outras criaturas é uma percepção profunda de que elas têm um aspecto de vocês – se vocês se sintonizarem muito bem com elas, meus caros – essa sintonia pode fundir-se em seu ser e lhes permitir ser mais completos em sua expressão.

Há uma troca de energia. Sua aceitação amorosa dos outros seres vivos está resgatando a matriz energética do sofrimento de outros tempos e também conferindo um aspecto de sua ressonância a seu campo energético.

Lembrem-se, meus caros, de que seja o que for que vocês receberem orientação para fazer, se tiverem confiança nessa orientação, ela vai lhes permitir ser ainda mais gloriosos e belos do que vocês já têm consciência de ser.

Portanto, meus caros amigos da luz, talvez sua mensagem seja simples e repetida, pois essa expressão de sua verdadeira essência é tão simples quanto poderosa. Sua essência é o Amor. É a essência do amor que mantém harmoniosamente a ligação da estrutura molecular de toda expressão. Seu aspecto é Luz. A treva pode ser amada pela luz e também foi criada pelo Divino.

Amem-se e respeitem-se uns aos outros, meus caros. Vejam a centelha do divino em tudo. Da próxima vez que emitirem um juízo de valor ou ficarem com raiva de seus semelhantes, procurem superar esse quadro e procurar a centelha da expressão divina em seus olhos, em sua alma, em seu coração. E quando os outros perceberem que vocês olham para eles com os olhos do amor incondicional, vão refletir esse amor de volta para vocês.

Entendam que é a essência do amor que vai produzir as mudanças nesse plano, mudanças que são muito mais poderosas do que aquelas criadas por seus juízos de valor. Amamos e respeitamos a Luz de Deus dentro de todos vocês. Assim é Arcturo, meus caros".

CAPÍTULO 8

Um Caminho

Na primeira parte deste livro, procuramos dar uma explanação da maneira pela qual um ser humano pode viver de luz examinando a natureza da energia e do prana. Os próximos capítulos concentram-se na aplicação prática dessas informações. Embora nossa atração inicial por essa viagem fosse profundamente pessoal, é claro que, em retrospecto, vários indivíduos – eu inclusive – também têm sido tanto "cobaias" quanto pioneiros desse processo no Ocidente.

Aprender a viver de prana não é uma novidade. É tão antigo quanto os Vedas. Pesquisas sobre a época de MU sugerem que, um dia, todos os seres foram alimentados pelos reinos etéricos e que foi somente depois da "queda" ou "perda da graça" que começamos a nos alimentar nos reinos atmosféricos. Foi-nos dada a guarda dos reinos mineral, vegetal e animal para os amarmos e respeitarmos e coexistirmos em paz com todos. Em um momento qualquer, começamos a ficar menos refinados, menos civilizados, menos sensíveis e menos respeitosos.

Para mim, pessoalmente, o processo de me permitir ser sustentada de novo pelos reinos etéricos é uma volta ao refinamento e ao respeito.

Embora eu compreenda a perfeição divina de tudo, e reconheça que tudo o que aconteceu na evolução da humanidade faz parte do processo natural e predeterminado de nossa viagem, também concordo com a idéia de viver a vida nesse momento de AGORA com o máximo de nosso potencial. Também gosto da idéia de aceitar a liberdade de plena expressão de todas as outras formas de vida: de viver sem medo ou ameaça de acabar como jantar de um outro ser, ou de ser friamente assassinada. Sei também que essa maneira de pensar está muito adiante de nosso tempo no que diz respeito à consciência coletiva do planeta.

Sei, por experiência própria, que o conceito da alimentação prânica está num estágio muito embrionário e é muito ameaçador para a cultura ocidental, pois tende a abalar as crenças mais profundas da consciência coletiva do Ocidente de hoje. Nesta obra, desafiamos literalmente idéias arraigadas como "Se você não comer, morre" ou "Há duas certezas nessa vida: a de que todos nascemos e a de que todos vamos morrer" etc.

Lembro-me de sentir – enquanto jornalistas me olhavam com curiosidade em Hong Kong – que, se fôssemos cientistas num laboratório, pesquisando e desenvolvendo uma solução para a fome mundial, teríamos, sem dúvida alguma, o apoio da imprensa de todo o planeta, dos governos, acesso a financiamentos privados e muito mais! E então, depois de encontrar essa solução, testá-la e aprová-la em cobaias humanas, poderíamos até ganhar um prêmio importante como o Nobel por nossa contribuição positiva para a sociedade e por resolver esse grande problema global.

No entanto, não somos cientistas. Somos apenas meros indivíduos ouvindo a orientação de nosso eu interior e explorando nosso potencial humano sob a bandeira da "espiritualidade". Mesmo assim, nosso sucesso é inegável. Os resultados podem ser comprovados e terão imensas ramificações globais. Tratamos desse assunto no capítulo sobre o "Potencial Futuro".

O conceito e a prática de alimentação prânica são revolucionários e vão exigir que os indivíduos trilhem conscientemente o caminho do autocontrole, pois ele será integralmente implementado e incorporado à sociedade como um todo.

Portanto, vamos falar de minha pesquisa e de minha viagem pessoal nos próximos capítulos...

CAPÍTULO 9

Viver de Prana:
Uma história pessoal

Gostaria de descrever o processo pelo qual optei passar para ter condições de viver de prana. Essa opção é muito pessoal e deve ser feita segundo os ditames do próprio coração de cada um. Muitos não vão fazer essa opção nessa altura dos acontecimentos, mas alguns talvez já estejam prontos para pôr essa idéia em prática. Independente da opção individual, sei que é possível viver exclusivamente de luz e não se alimentar de nada que tenha substância. Saber e depois provar que podemos nos alimentar e viver de luz é uma experiência fascinante e edificante.

No início de 1993, tive a oportunidade de passar por um processo específico de realinhamento, cujos detalhes vou contar ao longo dos próximos capítulos. Mas preciso contá-los de dois pontos de vista diferentes: minha compreensão na época e minha compreensão em retrospecto.

Naquela época, somente um punhado de pessoas no mundo inteiro tinha participado de um processo desses. Por isso mesmo, estava numa fase muito embrionária, de descoberta de novos caminhos. As informações sobre a "técnica" estavam sendo recebidas telepaticamente e não havia manuais nem marcos para indicar a direção; havia somente um "saber interior" e a confirmação do que parecia "certo" no coração de cada um dos indivíduos que fizeram essa opção.

A história desse processo em particular começou no final de 1992 em Byron Bay, New South Wales, Austrália. Naquela época, uma série de fitas cassete estavam empolgando as comunidades "Nova Era" da Austrália. Eram chamadas de fitas da Ascensão e chegaram pelas mãos de um norte-americano chamado Eric Kliene. Mais tarde fiquei sabendo que a criação e distribuição dessas fitas foi organizada pelos Poderes Superiores para estimular um despertar em massa dos Trabalhadores da Luz.

Embora eu já meditasse há mais de 20 anos porque essa prática tornava a vida mais fácil e mais feliz, as informações e a energia dessas fitas tocaram um ponto no fundo do meu coração e permitiram que eu tivesse um vislumbre de um quadro muito maior.

Muitos outros, como eu, também tiveram uma sensação muito forte de reconhecimento em seu coração ao ouvir essa mensagem de Ascensão e seu apelo. Por um motivo que não sabíamos qual era, girávamos em torno de um mesmo ponto e esperávamos entusiasticamente por mais informações. No início de 1993, recebemos a notícia de que uma mulher tinha ascendido em Byron Bay!

Logo depois seu marido apareceu e falou para um pequeno grupo como o fato tinha ocorrido. Parece que ela era vidente há muito tempo e tinha começado a receber mensagens telepáticas dos Mestres Ascensos sobre um processo específico que elevava rápida e permanentemente a freqüência vibratória de um ser. Os campos de energia de seu corpo seriam realinhados para permitir a descida do Eu Superior e a conseqüente Ascensão do indivíduo.

Quando fiquei sabendo desse "processo", eu estava aberta, mas distante. Pensei que valia a pena investigá-lo e, depois de pesquisar e conhecer as pessoas envolvidas, decidir se continuaria ou não. Em retrospecto, eu esperava que as pessoas que optassem por fazer essa viagem tivessem um discernimento bem desenvolvido e fossem capazes de seguir sua própria orientação interior, que devia ser clara, em cada passo do caminho.

O processo em si era muito simples, mas exigia um período de preparação durante o qual o sistema dos quatro corpos e os campos energéticos seriam purificados.

Depois disso, o processo seria: (1) não comer ou beber nada durante 7 dias; (2) tomar água ou sucos muito diluídos e repousar durante outros 7 dias enquanto o corpo se curava e se ajustava aos 7 dias anteriores; (3) repousar durante outros 7 dias para permitir a reintegração das energias do Eu Superior.

Bem, qual era o objetivo desse processo de 21 dias e o que acontecia de fato? Em primeiro lugar, as 3 faixas de 7 dias estão ligadas às geometrias sagradas, e a pessoa precisa dispor voluntariamente desse tempo e não pode sofrer interrupções.

Foi uma iniciação sagrada, que devia ser respeitada e sobre a qual não se devia falar levianamente. Não foi em absoluto apenas um processo de parar de ingerir alimentos, mas um processo que permitiu a mim e a outros vivermos somente de prana. Depois de completar os 21 dias, não precisavamos mais comer alimentos sólidos para sobreviver. Agora somos inteiramente sustentados e alimentados pelos reinos etéricos. É um fato. Somos saudáveis, cheios de energia e, o que é melhor ainda, nossa manutenção é baratíssima!

À medida que os meses foram passando, fui me sentindo cada vez melhor. Meus níveis energéticos eram elevados e eu tinha todos os sinais de boa saúde, mas meus entes queridos e meus parentes não estavam convencidos. Para acabar com suas preocupações, depois de 5 meses vivendo exclusivamente de líquidos leves e sem nenhuma vitamina, fiz vários exames e não só recebi um certificado de saúde perfeita, como descobri que nunca tinha sido tão saudável em toda a minha vida adulta! Foram boas notícias para meus entes queridos e uma confirmação inquestionável para mim.

Uma coisa que eu gostaria de dizer é que, como no caso de todos os pioneiros, não havia uma forma de avaliar as coisas. Toda vez que eu sentia incômodos ou dores, tinha de confiar inteiramente em minha orientação interior para saber o que estava acontecendo.

Não havia como consultar um médico ou terapeuta alternativo e pedir seus conselhos. Falando em termos gerais, a maioria dos médicos ocidentais ainda não aceitou a idéia de que a maioria das doenças é causada por um problema emocional e pelas escolhas infelizes de combustível que acabam por desequilibrar os campos energéticos dos corpos antes de finalmente se refletir no corpo físico. Os terapeutas alternativos tratam seus pacientes de forma mais holística e incentivam o consumo de alimentos frescos e nutritivos, ginástica etc. Portanto, em ambos os campos, a idéia de uma pessoa viver exclusivamente da energia da luz pode ser absurda em função de sua formação e idéias anteriores sobre o que o corpo precisa para manter-se inteiramente saudável.

Cheguei até a localizar um terapeuta ayurvédico que, supunha eu, estaria aberto para essa idéia por causa de sua formação e treinamento. Depois de discutir os *doshas* e a revelação de que meu Pita era 13, o Vata 14 e o Kapha 15, deparei-me com o ceticismo e ouvi que pouquíssimos indivíduos têm *doshas* tão equilibrados, e com mais ceticismo ainda em relação à idéia de que um indivíduo pode viver exclusivamente de luz.

Os níveis de incredulidade com os quais me deparei no campo da medicina alternativa foram inesperados. Mas entendo que se devem apenas à falta de experiência. Quantas pessoas que vivem de prana procurariam um médico ocidental ou um terapeuta alternativo em seu trabalho cotidiano?

Acabei desenvolvendo meu próprio sistema, usando a cinesiologia, para acompanhar as mudanças corporais e usá-las juntamente com minha orientação interior.

Vivemos numa sociedade onde a maioria das pessoas reage à idéia de não comer com uma incredulidade extrema e/ou total falta de interesse em algum dia chegarem a fazer, elas mesmas, uma viagem desse tipo.

A motivação dos indivíduos que realizaram esse processo é própria e, por isso mesmo, variadíssima. Para mim, parecia um passo natural. Eu tinha sido uma purista em relação à escolha de combustível para o veículo físico durante mais de vinte anos. Não quis comer carne desde os dois anos de idade e, aos quinze, eu tinha assumido o controle sobre todas as minhas necessidades dietéticas, jejuando para me purificar e aprendendo a ouvir as necessidades do meu corpo. Descobri que ele falava uma língua específica, fácil de traduzir. Fiz estudos sobre saúde e fontes de proteína, e fiz experiências. Para mim, luz e alimentos crus tornaram-se essenciais, e meu corpo respondia de maneira positiva.

Desenvolver um câncer e depois curá-lo foi um processo que também me ensinou sobre o efeito que emoções negativas mal resolvidas têm sobre o corpo físico. Obrigou-me a purificar não só o corpo físico, mas também a dissolver os bloqueios energéticos do corpo emocional e a realinhar e liberar a memória celular. Devido às minhas opções em termos de estilo de vida, meditação, alimentação e rotina de exercícios físicos, o tumor tinha se mantido pequeno e seu crescimento tinha sido lento. Mesmo assim, com o *stress* e questões emocionais mal resolvidas, mais o aprendizado de que eu precisava, ele estava ali e era muito real; levou quatro meses intensos para se dissolver e desaparecer.

Por causa disso, quando comecei o processo de 21 dias, meu sistema estava muito limpo. Durante as semanas que o precederam, tomei refeições leves de sopas e frutas, pois queria que a experiência fosse prazerosa. Jejuns anteriores ensinaram-me que a liberação de toxinas pode causar dores de cabeça, náusea, tonteira, dores nos músculos e nas juntas, etc.

Eu estava motivada principalmente pelo desejo de ascender, de realizar todo o meu potencial enquanto ainda estivesse nesse corpo e ser um recipiente ou instrumento puro através do qual a Vontade Divina pudesse manifestar-se. Repito: essa motivação foi uma progressão natural para mim depois de mais de vinte anos de meditação diária e pesquisa metafísica regular. Com essas práticas, estabeleci contato com meu Mestre interior e tinha uma orientação interna relativamente clara em relação ao que era "bom" para mim, e essa opção parecia "certa". Para mim, os *insights* que tive e o aprendizado pelo qual passei foram prodigiosos.

Portanto, devido ao preparo que fiz, atravessei os sete primeiros dias com níveis elevados de energia. Repousava quando era orientada nesse sentido e recebia uma gota etérica de

Luz Líquida, de modo que, quando sentia fome, bastava pedir um aumento do número de gotas – que sempre me era dado quando eu pedia – e a "fome" sempre se dissipava. Como os outros, mantive um diário detalhado das 3 semanas e do período subseqüente, mas meu desejo era somente que, por meio do breve relato de minha história pessoal, outras pessoas entendessem a capacidade da luz ou prana de nos sustentar, e a liberdade conquistada com isso.

Em retrospecto, vejo que os 21 dias foram um processo de limpeza profunda (durante os sete primeiros dias), de cura e realinhamento (durante a segunda semana) e depois de recepção de energias superiores (durante a terceira semana). Pode ser comparado à purificação e esterilização de uma velha garrafa de vidro e sua preparação para ser reutilizada e preenchida com outra substância.

Minha pesquisa me mostrou que esse processo – que permite a descida do Eu Superior até o veículo físico – é comparável à 3ª Iniciação do processo de 7 níveis, tal como foi descrito pelo dr. Stone em *The Complete Ascension Manual [Manual Completo da Ascensão]* pelos teosofistas e por Alice Bailey.

A orientação interior e a pesquisa mostraram-me que, devido às freqüências vibratórias diferentes do corpo físico (personalidade), do Eu Superior (alma) e do EU SOU Presença (Mônada), enquanto o sistema de quatro corpos (físico, emocional, mental e espiritual) não está perfeitamente alinhado, nem a alma, nem a mônada conseguem expressar-se plenamente através de seu veículo nesse plano.

O processo de 21 dias acelera a velocidade desse realinhamento para permitir que a alma tome posse de sua residência e, depois disso, o Eu Superior simplesmente mantém seu novo lar por meio da energia da Luz – por isso cessa a necessidade de ingerir alimentos sólidos.

O processo de 21 dias leva ao domínio do corpo físico e, até certo ponto, dos corpos emocional e mental, pois é preciso força emocional e mental para iniciar um processo desses. É um degrau na "escada da Ascensão". Embora eu não tenha conquistado todos os poderes daquilo que entendo como um Ser Que Ascendeu, os benefícios pessoais subseqüentes foram incomensuráveis.

Logo descobri também que, para mim e para muitos outros, comer era algo que tinha uma base emocional. Depois de um ano, passei por uma grande tensão emocional por causa da morte súbita de um de meus pais. Meus níveis energéticos caíram e minha "criança interior" quis buscar consolo na comida. Por isso fui obrigada a continuar, com intensidade renovada, a viagem de liberação celular e reprogramação, quebrando antigos padrões.

Como a partir de cada perspectiva nova o corpo emocional também serve ao corpo mental – somos literalmente construídos para pensar antes de sentir – isso levou à intensificação de meu aprendizado de domínio da mente.

Descobri que podia programar o corpo para manter o peso desejado e também para mudar sua forma a meu bel-prazer. Descobri que meu corpo reflete meu estado emocional e que meu corpo emocional responde diretamente a meus processos mentais.

Compreendi também que o corpo emocional é como uma criança voluntariosa e, só porque decidimos manter a casa limpa a partir de agora – através do domínio da mente –, isso não significa que não seja preciso limpar a bagagem emocional derivada dos processos mentais do passado e que está guardada na memória celular (ou nos armários do porão). A limpeza interior é imperativa. Só então a casa – nosso Ser – está limpa e em condições de funcionar a todo vapor.

Esse processo também me abriu outra porta que refinou minha freqüência vibratória até o ponto em que a mediunidade, a cura, a clarividência, a bilocação e a criação exclusivamente por meio do pensamento agora me parecem naturais e relativamente fáceis. Aprendi a respeitar e amar todos os aspectos de meu ser, a amar e respeitar as opções dos outros, a me comunicar sem dificuldades com vários Seres de Luz e a me vincular firmemente a meu próprio EU SOU. Minha vida é alegre, cheia de abundância, cheia de sentido. Sei como criar a realidade que desejo na vida, e minha vida é exatamente o que quero que seja.

Assim sendo, desde junho de 1993, vivo de chá e água e depois, só por prazer, saboreio comida "branca" - um pedaço de batata, por exemplo, por causa do tédio e falta de domínio da mente - ou um pedaço de chocolate. Independente desses pecadilhos, sei que a única coisa que me alimenta e sustenta é a Luz.

Não sou anoréxica, gozo de exelente saúde e de níveis elevados de energia, e em geral só preciso de um a dois terços das horas de sono de que precisava antes. Depois de fazer essa transição, acho minha atitude em relação a viver de prana uma vivência bem real. No entanto, para muitos, a idéia é impossível e sua realidade, um absurdo. Não é uma coisa nem outra.

Nota de rodapé, maio de 1996:

Em minhas comunicações interiores, fui informada de que o processo estava sendo transmitido mediunicamente a fim de ser usado para integrar o Eu Superior e que, nesse estágio - 3 anos depois, em 1996 -, muitos já tinham passado por essa iniciação, consciente ou inconscientemente, e chegado aos reinos etéricos. Como o Eu Superior é Luz, todos podem viver de Luz depois de "passar por essa 3ª iniciação". No entanto, apesar disso, muitos não acreditam que podem simplesmente parar de comer e ser alimentados unicamente pelo poder da intenção e da expectativa.

Por isso o processo continua sendo oferecido e permite ao corpo físico que a transição seja feita sem dificuldade. Também ajuda a apressar a integração das energias do EU SOU Presença (a 5ª iniciação).

Acredita-se que na Austrália e na Nova Zelândia mais de 200 pessoas passaram por esse processo de 21 dias, algumas com pouca compreensão dos Seres Ascensos, outras apenas com a orientação de seus "guias". Independente dos quadros de referência pessoais para compreender o mundo e independente de sua fé religiosa, a única "crença" necessária é que, em nossa condição de seres de luz, podemos viver de luz. Trata-se apenas do domínio da "mente sobre o corpo".

Nota de rodapé, novembro de 1996:

Muitos deram um rótulo à minha abordagem e compreensão dessa viagem como o "paradigma da Ascensão" e foi o Elevado Mestre Serapis Bey que originalmente transmitiu, por via mediúnica, esse processo de "ascensão interior" de 21 dias. No entanto, como muitos estão interessados no conceito de alimentação prânica de um ponto de vista mais abrangente que o dietético, vamos tratar do assunto no capítulo intitulado "Outros Caminhos".

CAPÍTULO 10

Perguntas e Respostas

Este capítulo trata das perguntas feitas com maior freqüência desde que passei por esse processo. Inclui também uma entrevista com *Bagkok Metro Magazine* (janeiro de 1997), que gira em torno de outras perguntas não respondidas antes. As perguntas que se seguem também constituem a base do capítulo "Viagens de Outros".

P: O QUE ATRAIU VOCÊ PARA O PROCESSO DE 21 DIAS?

R: (Essa pergunta foi respondida em detalhe nos capítulos anteriores.)

Em retrospecto, foi o passo seguinte natural para mim a partir de uma perspectiva dietética refinada, e também foi parte de minha evolução espiritual natural. Ouvir falar desse processo e a associação subseqüente com os Mestres Ascensos simplesmente aceleraram o momento de iniciar essa viagem.

P: VOCÊ TEVE DE ENFRENTAR ALGUM DESAFIO ESPECÍFICO ANTES DE PASSAR PELO PROCESSO, COMO QUESTIONAMENTOS PESSOAIS, DA FAMÍLIA E DOS AMIGOS?

R: O primeiro desafio que tive de enfrentar foi o de meu próprio ego. Lembrando-me de que estava convencida de que ia ascender, minha reação imediata depois de ser notificada da data em que começaria o processo de minha meditação foi, "Por quê eu?", "O quê me torna tão especial?" e "Não tenho condições de ascender. Não mereço uma honra dessas." Foi uma lição brilhante de falsa humildade.

Recebi um comunicado telepático de que perdemos muitas oportunidades na vida pelo que os Mestres Ascensos chamam de "falsa humildade". O fato de nosso ego e nossa mente inferior terem estado no comando de nossa vida durante tanto tempo faz com que a idéia de entregar-nos a nosso Eu Divino e mergulhar no Todo seja muito assustadora e, por isso, muitas vezes nos cria obstáculos porque dizemos a nós mesmos que não merecemos tanto.

Em segundo lugar, como criei minhas filhas sozinha, minha maior preocupação era conseguir tirar um mês de férias e descobrir o que fazer com minhas filhas adolescentes nesse período. Senti que queria estar num ambiente de serenidade máxima para os 21 dias. Entreguei ambas essas preocupações para os "poderes superiores", confiei e descobri que as duas foram resolvidas magicamente.

P: COMO VOCÊ MANTÉM O PESO?

R: A crença de que temos de perder peso e/ou morrer se não ingerirmos comida é apenas isso - uma crença. A sociedade diz que precisamos ter uma dieta equilibrada, com vitaminas etc. para sermos saudáveis e, por causa de seus sistemas de crença, é verdade para a população em geral. Alimentar-se de prana é algo que está mais relacionado com nossa viagem e despertar espiritual.

O corpo físico é o servo do corpo mental que, por sua vez, é servo do corpo espiritual. Quando mudamos nossas crenças e nosso quadro de referências mentais, simplesmente nos programamos para manter o peso desejado, e mantemos.

Na Índia de hoje existem iogues com tal nível de controle mental e domínio de sua estrutura molecular que podem ser enterrados vivos durante semanas, ou beber veneno sem efeitos físicos negativos.

Também decidi que parecer anoréxica não seria uma boa propaganda para esse processo e, por isso, programei meu corpo para chegar a um certo peso e estabilizar-se ali. Mantive o peso em volta de 47-48 quilos desde essa época, independente da quantidade de líquidos que tomo ou de quantos bocados intermitentes de sabor que experimento.

Nota de rodapé, março de 1996:

Como ainda ouço falar de pessoas que perdem muito peso, é necessário enfatizar que isso muitas vezes se deve a uma configuração mental segundo a qual, se uma pessoa não comer ou beber durante 7 dias, e depois só tomar água, ela vai necessariamente acabar se consumindo. Essa não é uma crença válida e, quando é enfrentada e a pessoa se reprograma, ela não perde peso nenhum. Tentar ganhar peso depois do processo é mais difícil do que simplesmente enfrentar os quadros de referências mentais subjacentes, e não perder peso!

A forma mais simples de se programar é pedir que o corpo atinja o peso perfeito desejado pelo EU SOU Presença (também vi indivíduos que passaram por esse processo para resolver problemas de peso, usando-o como um "instrumento dietético" e que não perderam peso algum! Integridade, consciência e sinceridade são as ferramentas mais importantes desse processo).

P: COMO SÃO SEUS NÍVEIS ENERGÉTICOS? VOCÊ SE SENTE CANSADA?

R: Descobri que durmo em média de 4 a 6 horas por noite; antes eu dormia de 8 a 10. Adoro ir para a cama e dormir, pois uso esse tempo para aprender e trabalhar com outros reinos e dimensões. Embora eu acredite que possa vir a eliminar o sono, a essa altura esta ainda não é a minha opção.

Nota de rodapé, novembro de 1996:

Este ano aprendi também a passar longos períodos de tempo sem dormir e sem que isso tivesse efeitos nocivos sobre o corpo. Repito: isso me deu outro grau de liberdade; para os seres humanos, ter liberdade de escolha em relação a seus hábitos alimentares e de sono aumenta incrivelmente o seu poder. Embora sempre tenhamos desfrutado de liberdade de escolha no Ocidente a respeito do que comer, quando e quanto, e o mesmo se pode dizer do sono, esse novo paradigma está vinculado ao controle do veículo físico, ao fato de levá-lo a realizar nossa vontade – e não estarmos sujeitos a suas necessidades.

À medida que o tempo passa, percebo que meus níveis energéticos são sempre elevados; a falta de energia é uma raridade. Vejo que consigo realizar minhas tarefas e cumprir meus compromissos profissionais durante até 20 horas por dia antes de sentir qualquer vontade de dormir. Uma coisa que notei é que minha capacidade de passar sem sono depende do "tipo de energia" com a qual estou sintonizada no momento. Quando estou "trabalhando" e conscientemente plugada àquilo que chamo de placa de circuito cósmico, sinto-me tão energizada que não tenho necessidade alguma de sono.

P: E QUANTO À EXCREÇÃO E À MENSTRUAÇÃO?

R: Depois de viver dois anos quase que exclusivamente de água, chá e um pouco de sopa diluída em situações sociais, entre agosto de 95 e janeiro de 96, fiz experiências com mais sabores. Eu sabia que as coisas que eu "beliscava" não tinham nenhum poder nutritivo, pois muitas vezes era apenas um biscoito de chocolate ou algo de gosto mais marcante que eu não teria comido no passado devido à "falta de valor nutritivo"! Naquela época, a excreção era semanal.

Quando eu estava tomando um máximo de 3 copos de líquidos por dia, descobri que estava eliminando fluidos e, a cada 3 semanas, aproximadamente, o que chamo de "cocô de coelho" – que, para mim, era desconfortável. Recebi mensagens telepáticas que me diziam que, enquanto eu vivesse numa cidade, os poluentes e as células mortas permitiriam a continuidade desse processo. Mais tarde descobri que tomar uma pequena quantidade de suco de ameixas uma vez por semana tornava essa excreção um pouco mais fácil.

No tocante à menstruação, como já tinha tido as filhas que

queria ter, achei que seria conveniente programar o corpo para deixar de menstruar. Mas não funcionou e pedi orientação aos Mestres; disseram-me que a menstruação regular era um sinal "tradicional" de boa saúde e que seria importante continuar dando mostras de saúde inteiramente normal.

P: VOCÊ TOMA VITAMINAS?

R: Não. Uma das primeiras coisas que percebi foi que tinha de abandonar a idéia de que qualquer outra coisa além da Luz me alimentaria. Se eu quisesse mudar meu quadro de referências mentais e confiar inteiramente que só a Luz poderia me sustentar, não poderia tomar vitaminas, pois não haveria necessidade. Foi uma coisa difícil para mim pois, tendo sido vegetariana durante mais de 20 anos, eu sempre tinha tomado suplementos alimentares, principalmente espirulina e vitamina B_{12}. Quando você acredita que a Luz vai sustentar e regenerar o corpo, é exatamente o que ela faz.

P: QUAIS AS MUDANÇAS FÍSICAS QUE VOCÊ NOTOU?

R: O estômago encolheu, a velocidade do meu metabolismo reduziu-se e, enquanto não comecei a "beliscar", nunca sentia fome (foi estranho ter de novo a sensação de fome à medida que o estômago se dilatava um pouco). Sinto-me muito leve, maior, mais multidimensional, por assim dizer. Às vezes – ao caminhar, por exemplo – sinto que os únicos indícios que tenho do meu físico são as marcas de meus passos e minha sombra no chão. Algumas dessas coisas podem derivar dos fluxos de energia que estão entrando no planeta agora e que afetam muita gente.

O meu cabelo caía um pouco quando o lavava e escovava, algo que também aconteceu com outros. Mas a queda é temporária e os cabelos voltam ao "normal" em mais ou menos um mês.

P: QUAL FOI SEU MAIOR PROBLEMA AO LONGO DESSE PROCESSO?

R: Sou obrigada a confessar que meu maior problema foi o tédio. Devido à minha formação, o corpo físico foi relativamente fácil de controlar. Com minha ascendência européia e sua ênfase emocional em comida e em partilhar as coisas, lidar com o apego emocional à comida já foi mais difícil. Basta olhar para o que as pessoas comem – e quando – para ver que 90% das refeições baseiam-se em questões emocionais; até o jantar social é movido tanto por necessidade física quanto emocional.

Dominar o corpo mental tem sido a empreitada mais difícil. Como no caso de qualquer "jejum" prolongado, os sentidos ficam apuradíssimos. O sentido do olfato, do tato, da audição, da vista e do gosto, todos eles são naturalmente satisfeitos com o simples fato de viver; mas quando deixamos de comer ou sentir o gosto, este último sentido é ignorado.

Outros que trilharam esse caminho fizeram todo tipo de combinação de bebidas com sabor acentuado para satisfazer o sentido do gosto. Como eu passava principalmente a água e chá, com o desejo de superar a consciência da comida, o tédio resultante da falta de sabores tornou-se um grande problema para mim. Acredito que a programação bem sucedida para superar a consciência da comida vai permitir que eu supere o tédio também.

O interessante é que me mudei recentemente e agora tenho acesso a uma piscina. Descobri que quando preciso de uma pausa do trabalho, vou nadar em vez de pensar numa pausa para tomar um chá, e o fator tédio reduziu-se. Nunca tinha percebido o quanto o costume de fazer uma pausa para tomar chá – o chá da manhã, o chá da hora do almoço, o chá da tarde, do jantar, do lanche leve antes de ir para a cama – fosse tão arraigado na sociedade. Apenas hábitos e necessidades inventados e que ninguém questiona enquanto não resolve fazer uma coisa como essa!

Desde então descobri que a tradição ayurvédica oferece um

leque maravilhoso de ervas e condimentos para satisfazer completamente todos os nossos desejos de sentir os sabores. Essa exata ciência medicinal também liga nosso sentido do gosto e os órgãos. Espero fazer mais pesquisas sobre isso e sobre o "tédio" - ou desejo de sentir sabores - pelo qual todos os que passam por esse processo e continuam nele depois parecem experienciar em algum momento de sua viagem.

Outro desafio para muitos é a sensação de isolamento, pois grande parte da interação social gira em torno da comida. A reação social é discutida com mais detalhes no final deste livro, pois é, em si, uma questão de grande peso para muitos que passam por esse processo.

P. PODERIA CITAR OUTROS BENEFÍCIOS DE VIVER DE LUZ?

R: O processo de digestão utiliza energia; quando não há mais necessidade dela, essa energia pode ser redirecionada para outros objetivos. Para mim, pareceu intensificar ou aumentar a velocidade de minhas faculdades telepáticas quando comecei o processo de "comunicação mediúnica" um mês depois de ter passado pelos 21 dias. Como agora trabalho muito íntima e conscientemente com os Mestres Ascensos, é impossível separar o que é responsável pela magia que agora sinto diariamente em minha vida.

Meditação, orientação interior clara, concentração em minha evolução pessoal e nos serviços que posso prestar, viver de Luz, todos esses fatores estão interligados. Talvez o processo e o que aprendi a respeito do poder da mente sobre a matéria sejam responsáveis por abrir mais a porta para a idéia da imortalidade física e por me inspirar a tomar esse caminho. Passar por um processo como esse não é um pré-requisito para a ascensão, é simplesmente um subproduto disponível a qualquer um que o deseje. Os benefícios de se conectar com os Mestres Ascensos e com nosso próprio e glorioso EU SOU Presença são incomensuráveis.

Em retrospecto, o processo de 21 dias é apenas uma forma de controlar os quatro corpos inferiores. Embora se manifeste mais obviamente no corpo físico, começamos de fato um trabalho intenso tanto no corpo emocional quanto no corpo físico ao mesmo tempo em que somos guiados por nosso ser espiritual interior ao longo de todo o processo.

Nesse momento, independente da forma que escolhemos para chegar a esse controle, todos os seres desse plano precisam controlar a si mesmos e alinhar seus corpos. É uma realidade minha não ser mais uma questão de escolha, pois o planeta está num curso predestinado de evolução, orientado pelo Plano Divino. Quanto antes alinharmos nosso livre-arbítrio com a Vontade Divina, tanto mais cedo descobriremos aquilo que estamos procurando.

RESPIRATORIANISMO
UMA VIAGEM PESSOAL SAGRADA

Perguntas da *Bangkok Metro Magazine*, janeiro de 1977

O QUE É ISSO EXATAMENTE, E COMO FUNCIONA? ONDE E QUANDO SE ORIGINOU?

O respiratorianismo existe desde o início dos tempos. Os arquivos akáshicos revelam que houve uma época em que todos os seres alimentavam-se de forças prânicas. Respiratorianismo é a capacidade de absorver todos os nutrientes, vitaminas e alimento necessários para um ser humano manter um veículo físico saudável, retirando-os da força vital universal, energia ou chi. Um ser que pratica isso não precisa ingerir comida. Para ser um respiratoriano, o indivíduo precisa ser um instrumento afinado que pratica o controle da mente, isto é, uma reprogramação consciente da memória celular para a eliminação de qualquer crença limitadora e desrespeitosa.

COMO ALGUÉM SE TORNA RESPIRATORIANO E QUAIS SÃO OS PRÉ-REQUISITOS?

Como já disse, é uma questão de sintonia. A pesquisa revela que os seres humanos têm um sistema de quatro corpos – físico, emocional, mental e espiritual, que podem ser comparados a um violão de quatro cordas. Cada corda tem um som próprio e, quando as cordas estão afinadas, a música tocada (e a vida vivida) é mágica; o indivíduo passa a ser harmônico e ilimitado. Quando desafinadas, as pessoas – como um instrumento desafinado – podem sentir várias formas de desconforto emocional, físico ou mental. Os pré-requisitos para ser um respirato-riano são apenas o desejo vindo do fundo do coração, o desejo de ser ilimitado e o desejo de realizar o máximo de seu potencial nessa vida. É uma questão de respeitar-nos o bastante para abrir a mente para explorar possibilidades empolgantes. Ser apaixonado pela vida. Manter o coração cheio de felicidade e gratidão com o dom que recebemos e simultaneamente criamos e também testemunhamos: a majestade da criação. Absorver tudo o que desejamos, de todas as dimensões, por meio desses cinco sentidos físicos e nossos outros dois sentidos mais refinados de INTUIÇÃO e SABER. Viver de luz é apenas um subproduto natural da viagem e experiência de ser uma criatura apaixonadamente impecável.

QUANTOS RESPIRATORIANOS EXISTEM NO MUNDO INTEIRO E ONDE PODEM SER ENCONTRADOS?

Que eu saiba, existem mais de 200 pessoas na região do Pacífico Sul vivendo dessa maneira. Já faz quase quatro anos desde que comecei esse aspecto específico de minha viagem, e meu trabalho atual é bem variado, mas durante minhas viagens ouço histórias de muita gente que passou por esse processo. Não sabemos os nomes das pessoas, nem dos lugares no mundo inteiro, e ninguém chegou a documentar o quanto ele se propagou. No entanto, é uma prática comum entre os imortais e os iogues da Índia e dos Himalaias passar sem comer e sem dormir e ser capaz de mudar a temperatura corporal a seu bel-prazer.

Janeiro de 1998 – Os Mestres Ascensos dizem-me que aproximadamente 5 mil pessoas agora já se beneficiaram com a alimentação prânica e, devido a nosso trabalho regular na mídia global, milhões estão tomando consciência agora da possibilidade de viver exclusivamente da Luz Divina.

QUAIS SÃO OS BENEFÍCIOS/DESVANTAGENS?

Um dos primeiros benefícios que senti foi uma leveza incrível, a sensação de ser vasta, extremamente energizada, amplificada, multidimensional. Essas são as características da centelha divina dentro de nós e, à medida que permitimos que essa centelha divina ilimitada brilhe dentro de nós – e fora – e nos alimente, incorporamos suas qualidades. Lembro-me do primeiro dia em que senti como se não estivesse mais restrita à realidade física; senti-me completamente livre. Livre para escolher. Livre para criar. Livre para estudar, pesquisar e depois aplicar essas novas formas de ser e pensar. Todos os dias sinto que a vida é uma dádiva e agradeço literalmente à Força Criadora pela felicidade de ter essa experiência física. Opto por me lembrar que SOU UM SER ESPIRITUAL TENDO UMA EXPERIÊNCIA HUMANA. Agora me assombro com tudo, como se visse vocês como seres espirituais e depois lhes transmitisse essa essência através da Lei da Ressonância.

Em relação a outros benefícios, muitos falam de níveis mais elevados de energia e maior capacidade de cura, clarividência e clariaudiência. Alguns dizem ter recuperado os cabelos e que os cabelos brancos estão voltando à sua cor natural. Notem, por favor, que não se trata de saber se vocês comem ou não comem, trata-se de liberdade de escolha. Por exemplo: nem uma única célula de meu corpo acredita que precisa de comida para se manter, ou para viver. Sabendo disso, tenho a opção –

tanto intelectual quanto empírica - sem medo de conseqüências negativas, de comer ou não. Pouco importa. Minha preferência natural é viver de luz. A capacidade de fazer isso agora é simplesmente um fato arquivado no banco de dados de minha memória. No entanto, para outros em estágios anteriores dessa viagem, minha pesquisa e depois a divulgação dela continuam, para tornar o caminho mais fácil para os outros. Embora não me preocupe mais - pois meu foco está em chamar a atenção do mundo inteiro para o M.A.P.S (MSPD - explico mais adiante) - o que posso fazer por aqueles que vão escolher intuitivamente empreender essa viagem é ajudar na educação do público a respeito de nosso verdadeiro potencial humano. Depois a faixa potencialmente debilitante da incredulidade, causada pelo medo e pela ignorância, pode ser transmutada na luz da compreensão.

Em minha pesquisa e viagens por todo o Pacífico Sul, quero dizer que é *através desse trabalho que estamos abrindo um novo caminho para chegar a uma solução para a fome mundial. Essa é uma prática antiga esquecida por um mundo moderno industrializado. O principal desafio para nós é que nossa pesquisa leva as pessoas além do modelo aceitável que têm da realidade. Existe um poderoso campo energético de incredulidade que tem o potencial de diminuir a velocidade da implementação bem sucedida desse programa de âmbito mundial.*

Muitos de nós são muito instruídos e estudaram metafísica, primeiro intuitivamente e depois conscientemente durante muitas vidas. Embora agora nos lembremos e confiemos nesse conhecimento, percebemos que nossos processos mentais podem desencadear sentimentos de desconforto na consciência coletiva. Essas são áreas de discussão - de mente superior para mente superior - que somente os que começaram a ativação dos 4/5 do cérebro, necessários para compreender nossos ideais e visões, podem avaliar. Ao trazer essa informação ao grande público, do qual muitos membros não estão sintonizados sequer com a pulsação da reencarnação, esperamos plantar as sementes da esperança, do amor e da felicidade no coração de todos que sentem ser essa uma realidade que vale a pena criarmos juntos. Não se trata de comer ou não comer. Nas culturas industrializadas e economicamente desenvolvidas, trata-se de ser livre para assumir nosso poder e escolher sem medo. Para as culturas e países que estão passando fome, trata-se da liberação da necessidade de morrer por falta de alimento físico. Estamos fazendo um convite à humanidade para escolher criar coletivamente um modelo de realidade que manifeste a transformação pessoal e planetária positiva de uma forma que respeite todas as formas de vida. Quanto tempo vai demorar é algo que depende de quantos corações e mentes vão ouvir essa mensagem, sentir-se tocados e agir de acordo com ela. Nosso foco atual é a condição de:

EMBAIXADORES DO MSPD

Movimento por uma Sociedade Positiva e Desperta [em inglês, M.A.P.S., Moviment of an Awakened Positive Society] e minha qualificação é ser uma Criatura ILIMITADA.

Estamos aprendendo juntos, partilhando juntos o que temos, e depois mostrando nossa força juntos. Meus companheiros de viagem acham que a principal desvantagem é a extrema alienação social que decorre dessa opção, uma vez que a maioria dos membros da cultura ocidental comem por prazer e por outras razões fundamentadas na emoção, e uma grande parte da interação social gira em torno da comida. Há também um pequeno problema com o tédio, decorrente da falta dos sabores para os que resolveram não se permitir uns bocadinhos de sabor de vez em quando, por puro prazer. Muitos respiratorianos preferem satisfazer as papilas gustativas – o que pode ser feito com um biscoito de chocolate uma vez por mês, ou qualquer outra coisa pela qual se sintam atraídos.

Quando sabemos e demonstramos fisicamente que toda a nossa alimentação vem das freqüências superiores mais refinadas das energias prânicas, atingimos uma liberdade surpreendente em relação à necessidade imaginária de comer e podemos satisfazer nossas papilas gustativas por puro prazer, não por necessidade. Ainda estamos pesquisando a profundidade e a complexidade da psique humana em relação ao vínculo entre comer por razões emocionais e esse aspecto do tédio. Como diz Sai Baba, quando dominamos o sentido do gosto, dominamos todos os sentidos.

EXISTE ALGUM RISCO DE SAÚDE, PROBLEMAS OU DEFICIÊNCIAS (FERRO, VITAMINA B_{12}) ASSOCIADOS A ESSA OPÇÃO?

Continuando a partir da pergunta anterior, a essência da vida é prana. Quando optamos, podemos nos conectar às forças prânicas - e ser sustentados por elas; essas forças têm todas as vitaminas e nutrientes necessários para manter um corpo físico imortal, auto-regenerador. Portanto, só nos sentiremos cansados ou correremos riscos de saúde, ou teremos algum problema, se esperarmos que eles aconteçam, o que seria resultante de não transformar nossos sistemas de crenças mentais/memória celular e mentalidade. Eu pessoalmente não recomendo essa viagem a pessoas que não sintonizam conscientemente seus campos energéticos com uma pulsação perfeita ou que não sabem que criamos nossa realidade. Para essa prática ser bem sucedida, sem efeitos deletérios, precisamos respeitar o intelecto superior - por meio da pesquisa -, eliminar todas as crenças limitadoras e confiar em nossa orientação intuitiva.

O CORPO PASSA POR ALGUMA MUDANÇA FISIOLÓGICA?

Quando praticamos o controle da mente com programação e intenção, podemos mudar a forma do corpo a nosso bel-prazer. É a isso que chamamos de reformulação das imagens. O trabalho que estamos fazendo gira em torno de ativar e depois utilizar os 4/5 do cérebro que abrigam a consciência superior. Em termos gerais, muitos indivíduos ficam presos demais às questões da "mente inferior" - as questões relativas à sobrevivência na realidade física - e não têm tempo de explorar todo o seu potencial humano. Depois de resolver as questões relativas à sobrevivência, ficamos livres para explorar a consciência superior através da meditação e de outras práticas antigas. A uma certa altura, esse tipo de sintonização consciente permite-nos desfrutar de um estado de ser ilimitado.

Fisiologicamente, as glândulas hipófise e pineal aumentam sua capacidade, e a telepatia mental torna-se corriqueira para muitos. Uma coisa que eu gostaria de fazer é documentar esse trabalho num filme, utilizando o equipamento avançado que existe agora para interpretar campos de energia etc. com terapeutas tradicionais e terapeutas da Nova Era, todos eles de reconhecida competência profissional. Parecido com o que o Dalai Lama fez em 1991 na Harvard University. Procuramos abertamente patrocínio para esse projeto da parte de qualquer mídia interessada.

O QUE ACONTECE AOS ÓRGÃOS DIGESTIVOS? ELES ENCOLHEM OU DEFINHAM?

Quando entramos no corpo e olhamos com nossa visão interior sintonizada, vemos um fluxo de energia, como uma onda, magnetizada na direção de nosso corpo. Isso acontece em resposta às nossas instruções e controle das forças universais no sentido de sermos alimentados pranicamente. O prana flui para dentro do corpo através dos poros da pele. Lembra-me um processo como o das baleias azuis, que peneiram toneladas de água pelos dentes para absorver o plâncton. Olhar depois para os órgãos e dentro dos ossos e da corrente sangüínea é algo impressionante. O que "vejo" em geral é um reflexo de saúde vibrante. Essa capacidade de fazer um "diagnóstico" interior, de interpretar intuitivamente os campos de energia, é nosso sexto sentido ativado. O diagnóstico pode variar, dependendo de estarmos ou não queimando o lixo no plano celular. O lixo é o pensamento tóxico, o sentimento tóxico e a alimentação tóxica.

O ritmo metabólico muda e o estômago diminui, pois não estamos mais envolvidos com processos digestivos "normais". Mas os *check-ups*, tanto dos médicos de formação tradicional ou alopática, quanto dos terapeutas que empregam formas alternativas de medicina, deram resultados positivos. Um desafio que enfrentamos é que muitos terapeutas ocidentais não têm qualquer experiência com indivíduos que fizeram essa opção de vida e, por isso, não têm como avaliar seu estado. E também, falando em termos gerais, no momento em que sintonizamos nossos campos vibratórios e energéticos com a pulsação relativa à capacidade de viver de prana, não estamos mais criando nenhum desconforto nos corpos energéticos que nos leve a consultar "terapeutas" ou médicos.

A digestão e a nutrição são dois tópicos distintos. Quando os órgãos, o sangue e os ossos são nutridos, quer pelo reino etérico (prana), quer pelo reino físico (comida), eles se mantêm perfeitos e mostram saúde e vitalidade. No tocante ao autodiagnóstico, recomendo que você evoque a memória de uma vida passada em que recebeu uma boa formação e praticava a arte refinada de trabalhar com energia, tinha conhecimentos profundos e facilidade na prática do diagnóstico energético. Trata-se simplesmente da intuição sintonizada e conectada com a Mente Universal, ou a mais elevada consciência coletiva. Ela nunca será mal usada, pois só atraímos para nós uma vibração que espelha nossa própria consciência.

Em síntese, os órgãos mantêm sua saúde e depois melhoram seu desempenho até a saúde plena ser atingida, pois nossa consciência, agora mais potente, começa o processo vigilante do controle da mente e da criação de uma realidade ilimitada.

O jogo da alimentação prânica é um dos mais incríveis que existem! Sei por experiência própria o que é o poder da centelha de energia pura que realmente nos sustenta. Sem ela, não teríamos vida. Sem ela, não conheceríamos o prazer, a felicidade, a sensação de ilimitado.

Podemos rezar para a Centelha Divina da seguinte maneira: "Poderosa Presença EU SOU*", quero ter pleno domínio de todos os meus corpos inferiores para que possais manifestar-Vos plenamente dentro de mim. AGORA expresso completamente a Magia Divina, o Poder e o Céu em todos os reinos – assim como é em cima, é embaixo. Que assim seja!" Que decreto maravilhoso! Programas e pensamentos de boa qualidade produzem experiências de vida de boa qualidade!

QUE ACONTECE ÀS PAPILAS GUSTATIVAS? VOCÊ SENTE UM DESEJO MUITO INTENSO DE SENTIR OS SABORES, OU DE TER AS SENSAÇÕES DO GOSTO?

A maior pedra no caminho de muitos envolvidos com esse trabalho pioneiro é o desejo intenso de sentir os sabores, de ter as sensações do gosto. É importante não negar esse desejo, porque nossa intenção é que essa seja uma viagem prazerosa.

Enquanto pesquisamos as configurações energéticas de nossas emoções e a dependência afetiva da comida, podemos continuar nos permitindo o prazer intermitente do gosto. O que descobrimos é que quando as pessoas param de comer, têm o desejo de sentir um sabor picante ou muito doce, ou então oscilam entre os dois. Ter um bocado do sabor desejado quando a "fissura" ataca é suficiente.

Atualmente estamos utilizando métodos de reprogramação para superar a consciência da comida.

É POSSÍVEL VOLTAR A COMER E TER ALGUM PROBLEMA POR CAUSA DISSO?

A maioria das pessoas que trilha esse caminho volta a comer sem qualquer dificuldade – sem problemas –, desde que facilite a volta começando com sopas, depois frutas, legumes e verduras e, finalmente, a dieta normal. Esses indivíduos voltam a comer principalmente por causa da pressão social e por

* Ou o Poder Divino dentro de nós, o Mestre Interior, Deus Criador Pai/Mãe – use o nome que quiser.

estarem cansados de se sentir diferentes. Este não é um processo ou um estilo de vida que atrai muita gente. A maioria dos que ouvem falar de nosso trabalho consideram-no impossível ou se perguntam qual o sentido disso se comer dá tanto prazer.

A DESIDRATAÇÃO CHEGA A SER UMA PREOCUPAÇÃO? O QUE OS RESPIRATORIANOS BEBEM, SÓ ÁGUA OU TAMBÉM LÍQUIDOS AROMATIZADOS? E QUANTO À CAFEÍNA, AO ÁLCOOL E OUTROS ESTIMULANTES?

Há indivíduos que optam por não comer nem beber, mas a maioria dos respiratorianos ocidentais ainda mantém o ritual de socialização em torno de uma xícara de chá, para não ficar completamente alienada no plano social. A maioria não toma álcool, pois sente que ele diminui a freqüência vibratória dos campos de energia dos corpos; essas pessoas também podem utilizar o domínio da mente e transmutar tudo o que entra no corpo em luz. Eu, pessoalmente, ainda adoooro uma boa xícara de chá!

ESSA OPÇÃO AFETA A MATERNIDADE? UMA RESPIRATORIANA TEM CONDIÇÕES DE AMAMENTAR?

Só conheço uma mulher que deu à luz enquanto praticava o respiratorianismo. Não teve nenhum problema com a amamentação e a criança nasceu absolutamente saudável. É uma questão de atitude mental. É necessário haver uma mudança de mentalidade. Quando compreendemos plenamente que o alimento vem da força vital universal, o corpo humano físico continua cheio de vitalidade e saúde.

É POSSÍVEL SER UM RESPIRATORIANO DESDE O NASCIMENTO OU EXISTE UMA IDADE MÍNIMA?

Muitas crianças que estão encarnando no mundo de hoje não têm a menor vontade de comer. É uma conseqüência natural de sua vibração superior e percepção consciente do que são.

Em relação a uma idade mínima, isso depende da aceitação da família e do ambiente social. Muitas crianças são facilmente influenciadas no sentido de se afastar de suas capacidades intuitivas naturais por adultos menos conscientes, que podem levar as crianças a acreditar que sabem mais pelo mero fato de serem adultos.

ESSA PRÁTICA AFETA O CRESCIMENTO/DESENVOLVIMENTO/TAMANHO DO CORPO? EXISTEM RESPIRATORIANOS GORDOS?

As pessoas que tiveram êxito nessa prática são instrumentos afinados que estão desenvolvendo ou já possuem grande controle sobre sua estrutura molecular e podem manipular o tamanho e a forma do corpo a seu bel-prazer por meio da reprogramação. O corpo é um biocomputador, a mente é o pacote de *software*, a vida é o produto dos dois. Quando uma pessoa não gosta da vida ou de um aspecto qualquer dela, reformula o programa do computador. Pensamento de boa qualidade produz vida de boa qualidade; o pensamento ilimitado produz vida ilimitada.

A respeito da pergunta sobre "respiratorianos gordos", existem pessoas que começaram essa viagem com a intenção de perder peso. Como essa é uma iniciação sagrada do guerreiro espiritual, elas não conseguiram manter o programa e depois voltaram a comer. A intenção da pessoa tem de ser pura.

Note, por favor, que, independente do fato de voltar ou não a comer, o processo de 21 dias sempre resulta na criação de um novo quadro de referências. A experiência de viver meses ou anos a fio alimentando-se de prana fica guardada em nossa memória celular e atingimos um nível sutil, mas poderoso, de liberdade.

COMO ESSE MODO DE VIDA AFETA O SONO? TODOS OS RESPIRATORIANOS MEDITAM? TÊM BASTANTE ENERGIA?

A maioria dos respiratorianos dorme a metade do que dormia antes, ou domina completamente a necessidade de sono. Essas pessoas simplesmente dormem quando assim o desejam, em geral saem do corpo a seu bel-prazer e entram em outras faixas de energia.

A meditação é o instrumentos mais eficiente que existe para você se sintonizar. Ela também dá acesso à natureza ilimitada da centelha de energia divina que existe dentro das pessoas. Muitos respiratorianos enraizaram sua percepção consciente no eterno agora e optam por meditar formalmente pelo prazer de estarem imóveis, sem as distrações externas experienciadas tantas vezes pela frenética cultura ocidental.

Os níveis energéticos são fantásticos, principalmente quando você espera que sejam. Lembre-se, essa é uma viagem de controle do corpo pela mente.

DE QUE MANEIRA ESSA OPÇÃO AFETA A EXPECTATIVA DE VIDA? É UMA FONTE DA JUVENTUDE OU, NA VERDADE, ENVELHECE A PESSOA? DE QUE MANEIRA AFETA A BELEZA FÍSICA?

Não posso falar por todos os respiratorianos, só posso falar de minha viagem pessoal. Em minha realidade, a imortalidade física anda de mãos dadas com a questão respiratoriana. Giri Bala, da Índia, e Teresa Neumann, que tinha a *stigmata* do Cristo, eram ambas respiratorianas que envelheceram com elegância, e Teresa morreu. Ser respiratoriano não garante a imortalidade física, a não ser que reprogramemos as glândulas hipófise e pineal para produzirem os hormônios que mantêm a vida. Para sermos fisicamente imortais, precisamos abandonar o sistema de crenças que nos diz que vamos morrer. Precisamos limpar nossos corpos de toda toxicidade, quer seja produzida pelo pensamento, pelas emoções ou pela dieta.

É um caminho de purificação e de ser o instrumento mais sublimemente afinado na orquestra do Divino, e manifestar isso na realidade física. Portanto, o acesso à fonte da juventude depende da mentalidade da pessoa. Pessoalmente, sou a dona de meu veículo – o corpo físico – e não sua escrava. Tenho a intenção de realizar minha missão e depois levar o corpo até a Luz, ou me descartar dele, depois de completar meu trabalho, em vez de deixá-lo morrer por negligência ou maus tratos.

Repito, um pequeno número de pessoas tem capacidades xamânicas de moldar a matéria e pode mudar a aparência física a seu bel-prazer. A beleza física não é a questão, a questão é a beleza vibratória.

COMO ESSA OPÇÃO AFETA O DESEJO E AS RELAÇÕES SEXUAIS?

Para muitos respiratorianos casados, a prática mais comum é o tantra, ou técnicas taoístas que facilitam o fluxo da energia sexual e levam tanto a orgasmos cerebrais quanto do corpo inteiro. A prática consciente dessas técnicas funde a energia sexual (os chacras inferiores da base e sacral) com a energia espiritual (chacras da coroa e entre as sobrancelhas) e com a energia do amor incondicional (chacra do coração) pelo método da órbita microcósmica (como explicado na obra de Mantak Chia, *Taoist Secrets of Love [Segredos Taoistas do Amor]*. Ver também as seções sobre sexualidade dos próximos capítulos).

Outros preferem o celibato, que é escolhido não por falta de oportunidade de se expressar sexualmente, mas pelo desejo de transmutar consciente e intencionalmente a energia da força vital do impulso sexual numa vibração criativa superior e mais refinada. Um corpo saudável é um corpo sexual. As energias sexuais precisam ser transmutadas numa vibração superior ou utilizadas, tanto para a procriação quanto para a comunhão tântrica.

DOIS RESPIRATORIANOS PODEM TER UM FILHO? JÁ ACONTECEU?

Sim e sim.

EXISTE ALGUMA ORGANIZAÇÃO INTERNACIONAL DE RESPIRATORIANOS? SE EXISTE, QUAL É SEU OBJETIVO? É UM CULTO OU MOVIMENTO RELIGIOSO?

Não e não. Falando em termos pessoais, ser respiratoriana corresponde a 2% do que sou e é uma proposta pioneira que eu e outros estamos fazendo. Devido às ramificações potencialmente positivas a nível global no sentido de resolver o problema da fome, estamos simplesmente permitindo que as pessoas vejam e talvez experienciem uma outra maneira de ser e, desse modo, liberem-se da necessidade de comer e dormir, e talvez até das restrições do tempo. O controle da temperatura corporal e o fato de não ser necessário comer nem dormir são subprodutos de ser uma criatura ilimitada e de explorar plenamente o nosso potencial. São três possibilidades que inúmeros iogues realizaram. Jesus disse: "Tudo o que fiz, vocês também podem fazer, e mais."

Como já disse, sou uma embaixatriz do "M.A.P.S – Movement of an Awakened Positive Society" (MSPD), o Movimento por uma Sociedade Positiva e Desperta. A participação de qualquer indivíduo interessado numa transformação positiva, tanto pessoal quanto planetária, pelo bem do todo, é bem vinda no sentido de apoiar essa visão, independentemente de sua formação ou afiliações. Nosso boletim informativo, *The ELRAANIS Voice [A Voz de ELRAANIS]* dedica-se a buscar e depois mostrar o brilho pessoal e global, quer seja no âmbito social, econômico, educacional ou político.

EXISTEM RESPIRATORIANOS FAMOSOS?

O conde de St. Germain nunca foi visto comendo ou bebendo em público e manteve durante séculos uma forma física que não envelhecia. Mestres como Sai Baba, Babaji e outros iogues dos Himalaias podem ingerir alimentos oferecidos com amor pelos seus adeptos, mas não precisam de comida para viver. Era comum muitos outros Mestres Espirituais fazerem retiros de 40 dias, sem comer nem beber água. Dizem que o imortal mais conhecido agora é Bhartriji, um iogue que tem dois mil anos de idade. Segundo Leonard Orr, o fundador da organização Renascer, com 10 milhões de seguidores no mundo inteiro, Bhartriji vive num *ashram*, na aldeia de Bhartara, distrito de Alwar, Rajastão, Índia.

Alguns benefícios de viver de luz:

- Intensificação das faculdades de clarividência e clariaudiência
- Incrível leveza de ser
- Energia ilimitada e mais
- Necessidade de apenas metade das horas de sono normais, ou a eliminação completa dessa necessidade.

Nota de rodapé, novembro de 1996:

CONSCIÊNCIA CORPORAL, REPROGRAMAÇÃO PARA A MAESTRIA DO VEÍCULO

Depois de dois anos vivendo somente de luz, ainda tenho vontade de sentir os sabores. Considero importante não negar essa vontade e respeitar todos os aspectos de meus corpos enquanto eles passam pelo processo de "transição" e, por isso, experimento algumas coisas.

Antes eu especulava sobre a possibilidade de saborear os gostos e depois cuspir os restos pois, decididamente, o corpo físico não se interessava mais por comida. Essa idéia foi rejeitada porque era totalmente inaceitável socialmente. Imaginei que poderia mastigar a comida e depois cuspi-la, como na época em que as escarradeiras estavam na moda. A idéia de cuspir comida mastigada parecia muito "pouco civilizada", principalmente em companhia de outras pessoas e era quase sempre quando estava com outras pessoas que o corpo emocional me empurrava para a conformidade social deixando-me com vontade de comer – o desejo de fazer "parte da cena social" que, na cultura ocidental, gira tão freqüentemente em torno da comida!

Sentir o gosto de um bocado ocasional de alimento sólido, programar-me para transmutá-lo em luz e depois engoli-lo foram passos que intuitivamente descobri estavam começando a criar uma certa confusão interior.

Sentando-me para meditar, percebi que o elemental do meu corpo – a consciência corporal – estava confusa. Tendo me alimentado durante tanto tempo das forças prânicas, ele agora estava inseguro em relação ao que fazer com as pequenas quantidades de comida engolidas. Era para reativar o processo digestivo, para continuar absorvendo prana, ou ambas as coisas?

Como o processo não gira em torno da questão de comer ou não, mas em torno do domínio dos quatro "corpos inferiores", para que estes façam a vontade do Eu Divino, assumi o papel de dona e senhora e chamei o elemental do meu corpo. Vi-o de pé à minha frente, cumprimentei-o como a um soldado de meu exército e disse-lhe:

– Peço toda a atenção e presença de minha consciência corporal. Peço que, a partir desse momento, você absorva das forças prânicas todas as vitaminas, nutrientes e alimentos de que precisa para manter o apogeu da saúde física. O fato de eu optar por usufruir de um bocado de alimento sólido saboroso é uma questão puramente emocional, nada que lhe diga respeito!

Depois que o elemental do meu corpo estava devidamente informado e reprogramado, chamei o elemental do meu corpo emocional, pedindo-lhe que se apresentasse a mim. Instruí-o da seguinte forma:

– Peço ao corpo emocional que, a partir desse momento, procure atrair para sua presença somente as experiências de amor incondicional e êxtase!

Em seguida, chamei o corpo mental e o instruí:

– A partir desse momento, você deve concentrar seu foco exclusivamente na Mente Universal e sintonizar-se com a pulsação do coração de Deus. Sua tarefa é manter-se claro, focado e alinhado com o Plano Divino à medida que este se desdobra.

Depois dessa programação, a confusão desapareceu.

Ginástica

Como muitos outros, tenho recebido orientação interior no sentido de me manter em forma, forte e com os músculos desenvolvidos. Num certo nível, é bom estar assim quando estamos viajando, carregando malas cheias de livros e outras coisas por todo o globo. Em outro nível, quanto mais forte o veículo físico, tanto maior a voltagem – canalizada por nosso Eu Divino à medida que este se expressa mais plenamente na realidade física – que circula.

Como muitos também estão utilizando o poderoso programa de pedir a plena manifestação de seu Eu Divino na realidade física, isso precisa ser feito sem que haja perda do alinhamento ou um curto no circuito elétrico do corpo. Um veículo forte e afinado absorve facilmente o fluxo de energia.

Muitos indivíduos também estão sendo orientados no sentido de criar massa muscular em volta dos ombros, da parte superior dos braços e da nuca. A base do crânio é o elo de ligação entre o sistema nervoso físico e o sistema nervoso do corpo etérico. É um ponto de fixação dos dois. Por isso somos incentivados a fortalecer nosso corpo.

As perguntas que se seguem também são relevantes; são um trecho de Uma Entrevista com Jasmuheen para *"One World Publications"* – Berlim, Alemanha, outubro de 1997.

É POSSÍVEL USAR O PRANA COMO FONTE DE ENERGIA, COMO UM SUBSTITUTO PARA A ELETRICIDADE?

Essa é uma resposta potencialmente complexa. Em meu modelo de realidade, tudo é multidimensional. Em termos bem simplistas, não – nesse estágio de nossa evolução; mas, a longo prazo, sim. O saber esotérico e nossa experiência pessoal mostram que, nas dimensões superiores da expressão, tudo é feito e manifesto por nossa vontade e intenção. Os leitores familiarizados com as obras *The Life and Teachings of the Masters of the Far East [A Vida e os Ensinamentos dos Mestres do Extremo Oriente]*, de Baird T. Spalding, ou *The Magic Presence [A Presença Mágica]*, de Godfre Ray King sabem o poder a que um indivíduo sintonizado tem acesso.

A sociedade é constituída por massas. Quando as massas se sintonizarem coletivamente com a natureza ilimitada de seu ser e ativarem os 4/5 do cérebro que ainda não estão sendo utilizados, veremos muitos usos da Força Divina como fontes alternativas de energia. Por exemplo: dizem que as civilizações da Lemúria e de Atlântida usavam a energia dos cristais no lugar da eletricidade.

Já existem muitos sistemas de energia alternativa desenvolvidos em todo o mundo moderno, inclusive o de Tesla. No entanto, devido a outras questões em jogo, muitos deles caíram em descrédito. Nosso planeta tem tudo o que precisamos em termos de recursos. O que ainda não temos é a percepção consciente suficiente entre as potências que distribuem esses recursos.

Ser um indivíduo consciente significa criar sistemas com propostas muito bem sintonizadas no sentido de aumentar o poder uns dos outros e até o prazer mútuo que todos podem ter uns com os outros. O progresso tecnológico é limitado pela percepção consciente da sociedade como um todo. O verdadeiro poder surge quando nos alinhamos com a própria força da criação que existe em todos os seres vivos. O uso correto do poder deriva da utilização da tecnologia e da vontade humana de tal maneira que ambas estejam alinhadas com o Plano Divino – como as malhas energéticas de *bio-feedback* que se realimentam continuamente.

OS SERES HUMANOS NÃO SÃO APENAS ESPIRITUAIS, TAMBÉM SOMOS FÍSICOS... QUE SENTIDO FAZ NÃO ALIMENTAR O CORPO HUMANO, QUE FOI FEITO PARA COMER?

Em meu modelo de realidade, somos seres espirituais que estão tendo uma experiência humana. Muitos se esqueceram de sua natureza divina. À medida que se lembrarem, que se conscientizarem como um subproduto não irão mais precisar ingerir comida para alimentar o corpo, algo que acontece quando permitimos que o Divino dentro de nós satisfaça todas as nossas necessidades, inclusive as necessidades nutricionais do corpo. Nossa pesquisa descobriu que a maioria das pessoas come por razões emocionais: por prazer, em busca de consolo etc. Quando estamos sintonizados e sentimos que nossa vida tem sentido, quando estamos apaixonados pela vida, a dependência que nosso corpo emocional tem de comida diminui drasticamente.

Esse processo gira em torno da liberdade de escolha. A sociedade nos condiciona a pensar que o corpo humano foi feito para ingerir comida, e comer transformou-se num vício comum. Algumas escolas filosóficas afirmam que nos estágios originais de nossas encarnações no plano terrestre, todos vivíamos de prana. Portanto, não se trata de uma prática nova. Trata-se apenas de lembrar uma maneira de ser que, a meu ver, oferece uma alternativa "mais civilizada" para as práticas correntes.

Depois que seus benefícios globais forem entendidos, eles vão compensar em muito nossos projetos pessoais. Reconhecemos que sempre existe uma necessidade de reeducação nos primeiros tempos em que se procura introduzir alternativas aos sistemas existentes, só para informar as pessoas que agora existe uma alternativa que, a essa altura, só alguns eleitos podem optar por explorar.

PARTE DO PROCESSO DE 21 DIAS DESCRITO NO LIVRO MENCIONA NÃO COMER NEM BEBER DURANTE 7 DIAS... ISSO NÃO CAUSA PROBLEMAS GRAVES DE SAÚDE?

Num instrumento desafinado, sim, sem dúvida alguma. Esse processo é como a iniciação de um xamã ou de um guerreiro e não deve ser encarado levianamente, ou realizado por alguém que não tenha compreendido a dinâmica do trabalho energético, ou que não esteja conectado com o Divino dentro de si. Quando trabalhamos junto com nosso guia interior, não há perigo.

QUANDO VOCÊ DÁ CONSELHOS, CONFIA NA RESPONSABILIDADE QUE SEU LEITOR TEM POR SI MESMO E EM SUA CAPACIDADE DE SABER O QUE É BOM PARA ELE, OU SE SENTE RESPONSÁVEL POR ELE?

Em primeiro lugar, sou apenas uma autora metafísica, não um guru. Meu livro *Lichtnarung [Viver de Luz* em português*]* é a história de minha experiência pessoal. Como todas as informações, cabe aos leitores usar seu próprio discernimento e absorver apenas aquilo que sentem intuitivamente que é bom para eles.

Por conseguinte, sim. Nosso trabalho está inteiramente voltado para estimular as pessoas a discernir e assumir responsabilidade por si mesmas. Todos temos a opção de ter uma "postura de vítima" quando delegamos nosso poder para os outros, ou então de assumir o autocontrole, que significa responsabilidade por si mesmo ao criar uma realidade pessoal e global que seja harmoniosa.

VOCÊ DIZ QUE O PROCESSO DE CURA COM A AJUDA DOS MÉDICOS NÃO É NECESSÁRIO. O QUE ACHA DA SUPERVISÃO MÉDICA DURANTE UM JEJUM?

Indivíduos sintonizados com a responsabilidade por si mesmos e com o autocontrole curam a si mesmos e, por isso, os médicos em geral não fazem parte de sua realidade, pois eles já superaram a necessidade de criar desconforto em sua vida. No ponto em que estamos agora na evolução, falando em termos globais, ainda existe uma necessidade muito grande tanto de médicos quanto de terapeutas alternativos, quando seu enfoque é o tratamento holístico das pessoas. Esses profissionais são muito necessários no programa de reeducação para essa transição até chegar o momento da cura de si mesmo e de uma vida sem doenças, que um dia vai existir.

Se as pessoas desejam ter supervisão médica durante seu jejum, cabe a elas tomar essa decisão. O processo de 21 dias não gira em torno do jejum; seu enfoque é ressintonizar os campos energéticos do corpo com uma vibração compatível com a vibração da Presença EU SOU, a Mônada, ou o que chamo de EU SOU Deus dentro de mim.

VOCÊ TEM A VISÃO DE UM MUNDO EM QUE A IMORTALIDADE FÍSICA É CORRIQUEIRA... ESSA É UMA IDÉIA QUE ESTÁ NA CENA ESOTÉRICA HÁ MUITOS ANOS. VOCÊ NÃO ESTÁ BRINCANDO COM AS ESPERANÇAS E DESEJOS DAS PESSOAS QUE NÃO QUEREM ACEITAR A MORTE COMO PARTE DE SUA VIDA?

A imortalidade física, como ser capaz de ingerir comida ou não, é apenas uma questão de liberdade de escolha. A humanidade tem a opção de se limitar a suas crenças e culturas – ou de ser ilimitada. Ser ilimitado significa ter o controle de nossa estrutura molecular.

O corpo físico é nosso servo, exatamente como um carro. Entramos nele quando queremos e saímos quando queremos. Para a maioria das pessoas, o corpo físico – seu carro – é que os controla. Ele lhes diz quando comer, quando dormir, desintegra-se por causa da deterioração e ignorância dos programas adequados de manutenção, exatamente como acontece com qualquer veículo. Autocontrole significa aplicar os programas certos de manutenção para todos os nossos quatro corpos, para eles nos servirem bem enquanto realizamos nosso trabalho aqui.

Meu trabalho pessoal com os Mestres Ascensos gira em torno da reeducação para oferecer alternativas aos sistemas de crença e baseia-se na Lei da Ressonância, que é universal e afirma que os semelhantes se atraem. Isso significa que nossas crenças criam nossa realidade.

As pessoas que não aceitam a morte como parte de sua vida "normal" podem ser classificadas em duas categorias: aquelas que estão apegadas a seu corpo, que não entendem a indestrutibilidade da energia e a natureza eterna da alma, e aquelas que praticam o autocontrole, são totalmente desapegadas e sabem fazer uma administração eficiente do tempo. A essa altura de nossa evolução, manter um veículo que não adoece, não envelhece e regenera a si mesmo é apenas uma questão de administrar o tempo com eficiência.

COMO EVITAR O EXCESSO DE POPULAÇÃO SEM RENUNCIAR AOS FILHOS? OS VELHOS NÃO TÊM DE CEDER O LUGAR (MORRER) AOS JOVENS, PARA QUE O RIO DA VIDA POSSA FLUIR?

Como foi ilustrado em *Celestine Prophecy [A Profecia Celestina]* de James Redfield, existem muitas faixas diferentes de realidade na Terra. Todos os nossos sistemas estão em transição de um paradigma de luz e trevas, amor e medo, para outro de amor e luz. No sistema que virá não existirá doença, nem pobreza, nem fome.

O excesso de população só é visto como um problema porque ainda dependemos de comida. Os recursos ainda não foram alocados de forma competente e ainda não temos dispositivos eficientes para controlar a poluição. Tudo isso reflete apenas a consciência atual de nossas sociedades como um todo.

À medida que nos sintonizamos e começamos a trabalhar de mãos dadas com o Divino dentro de nós, descobrimos um terreno comum e podemos então começar a ressintonizar pragmaticamente os sistemas existentes para que todos funcionem para o bem do todo. Os Mestres Ascensos dizem que o excesso de população atual também se deve em parte ao fato de estar havendo uma "celebração" incrível no planeta à medida que os seres que vivem nele começam finalmente a acordar e a se lembrar. Isso se reflete no foco espiritual corrente da nova era.

As crianças são muitas vezes "almas velhas" em corpos pequenos. Segundo meu modelo da realidade, antes de encarnar, elas escolhem seus pais, seu gênero, sua cultura, o momento de seu nascimento; e vêm com um currículo já definido para aprender na escola da vida. Os lamas budistas escolhem conscientemente o momento de sua morte, sentando-se para meditar e depois deixando a consciência abandonar o corpo e simplesmente não retornam. Qualquer pessoa que estude o esoterismo seriamente sabe que essa discussão é muito mais complexa do que uma simples questão de excesso de população e falta de espaço físico no planeta, ou a idéia de sobrevivência dos mais aptos.

Alguns fatos interessantes...

Fome e Saciedade

"Todo ano, 15 milhões de bebês e crianças pequenas morrem de desnutrição – uma estatística que seria chocante mesmo que fossem apenas 15 mil. Segundo James Grant, da UNICEF, poderíamos salvar essas crianças – a um custo global de apenas 5 dólares norte-americanos cada – por meio de programas que promovessem a imunização, a amamentação no peito da mãe, a terapia de rehidratação (que combate a diarréia) e tratamentos médicos melhores, de modo geral. No hemisfério norte, a desnutrição assume a forma de consumo excessivo de açúcares, gorduras e produtos animais, resultando em obesidade, doenças cardíacas e diabetes. Só nos Estados Unidos, pelo menos um terço dos que têm mais de 40 anos podem ser classificados como obesos. Em 1982, o Reino Unido gastou 235 milhões em programas de emagrecimento – comparados a apenas 50 milhões doados a órgãos privados como a OXFAM."

...e

"A dieta média ao norte do equador oferece muito mais do que o consumo diário médio de calorias essenciais. Em contrapartida, a dieta média do hemisfério sul não só está abaixo da média de consumo mundial diário de calorias, como também em geral está abaixo do consumo mínimo para garantir a sobrevivência - para não falar na manutenção da saúde. A desnutrição é a causa oculta de muitas doenças, principalmente entre as crianças. Com suas barrigas enormes e seus olhos fundos, tornam-se rapidamente vulneráveis a infecções. Talvez o pior de tudo seja o fato das diarréias drenarem do estômago da criança tudo o que ela conseguiu ingerir - reforçando a desnutrição básica."

(Trechos de *The GAIA Atlas of Planet Management"* - edição revista.)

Os que se alimentam de prana recomendam que você esqueça as dietas e calorias e procure deixar que o Divino dentro de você o alimente. Seja um exemplo vivo dessa nova forma de nutrição e destine uma porcentagem do que você economiza por não ter mais de gastar com alimentação para os moradores de rua ou os que estão morrendo de fome em seus países... ou doe essa quantia à sua instituição de caridade preferida.

Um dia, a reeducação global sobre a viabilidade da alimentação prânica vai eliminar as estatísticas atuais de aproximadamente 40 milhões de pessoas que morrem todos os anos por causa de doenças vinculadas à fome, além dos 588 milhões que se espera estar em estado grave de desnutrição no ano 2000.

CAPÍTULO 11

Espiritualidade e Sexualidade

Uma das perguntas mais "delicadas" que me fazem em minhas viagens e, apesar disso, uma das mais comuns, é sobre sexualidade e espiritualidade. As pessoas querem saber como alguém que vive exclusivamente de Luz vê essa questão, e se as energias da sexualidade são compatíveis com as freqüências superiores mais refinadas da Centelha Divina. É uma questão que desperta um interesse enorme em muitos e merece um capítulo à parte.

Pessoalmente, estou vivendo numa freqüência de onda ou de faixa energética completamente diferente depois do processo de 21 dias. Muitos anos de meditação levaram-me a um grau elevado de sensibilidade a energias, que aumentou dramaticamente depois do processo. De repente, eu conseguia ver a energia das pessoas. A raiva, por exemplo, aparecia como espadas ou hastes vermelhas emanando de seus campos energéticos. Foi a essa altura que comecei a examinar mais de perto a questão pessoal do celibato.

A questão do celibato é pessoal. Depois de me sintonizar e pesquisar melhor, deparei-me com os métodos taoístas descritos por Mantak Chia em seus livros *Taoistis Secrets of Love - Cultivating Male Sexual Energy and Healing Love through the Tao [O Tao e os Segredos do Amor - Como Cultivar a Energia Sexual Masculina e Recuperar o Amor através do Tao]* e *Cultivating Female Sexual Energy [Como Cultivar a Energia Sexual Feminina]*.* Para os interessados em continuar ou desenvolver sua espiritualidade sensual, recomendo a leitura desses textos. Embora os exercícios pareçam dificílimos no começo, são relativamente fáceis de aprender e os dois artigos que apresento a seguir com as técnicas são simples de aprender e praticar.

*Até o momento livros não traduzidos para o Português.

Minha decisão pessoal de explorar essas possibilidades baseou-se no fato de eu desejar explorar tudo em seu mais elevado potencial positivo e isso foi algo que meu companheiro e eu tínhamos tocado, mas ainda não tínhamos explorado por completo juntos. Como explicam os lamas dos "Ritos Tibetanos", o celibato deve ser uma opção baseada no desejo consciente de sintonia com os campos de energia além de uma determinada freqüência, e não o resultado de falta de oportunidades.

Embora os seres humanos sejam completos em si, o amor romântico é um aspecto do Amor Divino. Encontrar a fonte do amor eterno dentro de si e conectá-lo com o Divino é uma das viagens mais gratificantes que a humanidade pode empreender e desfrutar. Quando dois seres unem conscientemente as energias de seu centro sexual, espiritual e amoroso e trocam de maneira incondicional essa fonte de amor e energia, essa vivência acrescenta mais um poderoso plano de expressão à existência.

A POTÊNCIA MASCULINA

Eltrayan

Seguem-se dois artigos retirados de uma edição passada de *The ELRAANIS Voice.*

"Desde o início deste comentário, você precisa saber que Eltrayan é do gênero masculino. Menciono esse fato para explicar porque me dirijo particularmente aos homens nessa discussão, que trata dos benefícios que podem ser derivados do uso de uma versão evoluída e refinada do celibato. Essas são questões sobre as quais tenho conhecimentos em primeira mão e, embora não deseje excluir as mulheres, o modelo feminino está fora de minha experiência direta.

O uso de técnicas físicas para aumentar a consciência é válido e sensato, pois todos temos corpos espirituais, mentais, emocionais e físicos e, embora a cadeia dos controles tenha a mesma ordem, a contribuição possível por parte do corpo físico não deve ser subestimada, uma vez que certas experiências e lições só são possíveis no plano físico de vibração. A iluminação é um estágio da evolução em que esses quatro corpos giram sincronicamente e são veículos perfeitos para o Eu, a centelha individual do divino, utilizar a fim de experienciar a existência nas várias freqüências oferecidas pelos corpos.

O celibato é tradicionalmente definido como abstinência de relações sexuais. Embora talvez existam homens para quem esse estado é atraente e para os quais parece a coisa certa a fazer, ao menos durante algum tempo, para a maioria não tem atrativo algum. Estou querendo dizer que, de um ponto de vista esotérico, a intimidade oferecida pela comunhão física, tátil e carinhosa envolvida no ato sexual, principalmente quando pelo menos um componente de amor está em jogo, é positiva e valiosa. O aspecto negativo do ato sexual para os homens é o desperdício - com a ejaculação - de um de seus recursos mais preciosos para o desenvolvimento espiritual. Está na hora de elevar o nível do comentário além da questão do desempenho do atleta ser afetado pelo ato sexual antes de um evento esportivo e mostrar como essa essência sexual pode ser redirecionada para a evolução espiritual com a vantagem extra de converter um amante médio num tesouro sensual e sexual.

Dizem que a fonte primária de energia que temos à nossa disposição é a energia sexual. Entre 25% e 40% da energia (prana ou chi) que acumulamos a partir da respiração, dos líquidos, da comida, da luz do sol, do luar, etc. são usados para fabricar energia sexual que, nos homens, é armazenada fisicamente no esperma. Uma única ejaculação tem de 200 milhões a 500 milhões de espermatozóides, cada um deles carregando um ser humano em potencial.

A descarga do sêmen significa que o corpo tem de produzir mais, e a matéria-prima é retirada do sangue que, por sua vez, tira elementos preciosos de todos os órgãos do corpo, inclusive do cérebro. Na vida de um homem comum, 5 mil ejaculações correspondem a 15 litros de sêmen. Com 200 milhões a 500 milhões de espermatozóides em cada ejaculação, há espermatozóides suficientes para esse homem gerar, ao longo de sua vida, 200 vezes a população atual da Terra. É um reservatório imenso de energia, e a natureza não é tão extravagante ou perdulária a ponto de utilizar uma quantidade tão grande de energia só para produzir algumas crianças durante uma vida inteira.

É possível para um homem ter um orgasmo com pouca ou nenhuma ejaculação, tal como foi demonstrado pelos mestres taoístas, que assim não se privavam de nenhum dos prazeres de uma relação física, mas continuavam preservando a energia sexual envolvida.

O ato sexual ajuda a restaurar o equilíbrio da química corporal. A estimulação dos hormônios sexuais também aumenta a secreção dos hormônios das outras glândulas importantes – as supra-renais, o timo, a tiróide, a hipófise e a pineal.

A prática da conservação da energia sexual masculina e sua transformação ajuda a manter o equilíbrio interno do sistema energético humano. Os testículos estão ligados à glândula hipófise no sistema hormonal masculino, e eles trabalham juntos para transformar a energia sexual. A hipófise regula as atividades das outras glândulas. Os testículos produzem tanto o esperma quanto os hormônios masculinos e, quando eles não são ejaculados, esses hormônios masculinos voltam para a corrente sangüínea e são levados a todas as partes do corpo.

Portanto, os benefícios da conservação da energia sexual são substanciais. O primeiro requisito para sua implementação é os homens entenderem as vantagens oferecidas, sem que haja qualquer perda de intimidade ou prazer. Na verdade, o que acontece é o inverso e há uma intensificação; mas, para muitos homens, isso requer uma mudança de mentalidade em relação às implicações do ato sexual.

Para compreender de que forma contribuir para um estado

iluminado de consciência usando a energia sexual, é necessário compreender também os canais sutis do fluxo de energia no corpo. Enquanto o homem está envolvido no ato sexual, e principalmente quando prestes a ter um orgasmo, uma corrente de energia etérica, em geral só uma pequena parcela do total gasto, pois a maior parte costuma ser ejaculada, viaja a partir do chacra da raiz, na base da coluna, subindo pelo sistema nervoso central ao longo da coluna até a glândula hipófise, na cabeça. Os clarividentes percebem que esse processo é afetado pelos vórtices etéricos localizados na parte inferior das costas e na nuca. Esses vórtices etéricos devem ser visualizados durante o ato sexual, o que torna seu controle mais efetivo.

A técnica taoísta de redirecionamento da energia é chamada tradicionalmente de grande retenção. Como sugere o nome, significa reter a descarga de energia sexual e redirecioná-la para que suba pela coluna até a cabeça. Esse é o procedimento tântrico primário. O sêmen pode ser retido, isto é, sua descarga durante o orgasmo pode ser controlada, porque os músculos envolvidos em sua retenção são os mesmos usados quando um homem interrompe no meio o ato de urinar. Esse exercício de interromper e recomeçar o fluxo ao urinar é um método simples e eficiente de identificar e adquirir o controle muscular físico que é necessário, e é extremamente recomendável.

Só a prática desenvolve a capacidade de retenção do homem. O aumento da potência sexual que se segue é notável, e as mulheres devem ser avisadas de que estarão se relacionando, no seu devido tempo, com um dínamo sexual com grande libido, capacidade extraordinária e sutileza e sensibilidade cada vez maiores.

Um outro refinamento do processo de redirecionar a energia do homem é levar essa energia até o cérebro e depois completar o circuito tocando a ponta da língua no céu da boca e deixando a energia passar pela frente do corpo e voltar ao chacra da raiz e, em seguida, repetir o procedimento, de forma circular. Um redirecionamento semelhante da energia sexual pode ser feito pelas mulheres. Além disso, a energia pode ser redirecionada num círculo que sobe pelas costas e depois desce pela frente do corpo do parceiro, depois sobe pelas suas costas e circula em volta de seu corpo, fazendo o desenho de um oito e produzindo uma experiência extraordinária, criada pela configuração energética compartilhada pelos dois.

Em conseqüência, é razoável o homem da Nova Era aspirar ser um mestre taoísta moderno. A qualidade da atenção e do foco que você conseguir vai determinar o grau de seu sucesso. Ter sorte com dinheiro é outra história, mas se você aceitar a retenção e redirecionamento refinados da energia sexual, a sorte no amor vai fazer parte de sua vida".

A POTÊNCIA FEMININA

Jasmuheen

"A partir da experiência do homem, podemos deduzir a da mulher. A diferença das técnicas é principalmente anatômica e depois envolve uma sintonia fina e sutil adicional. Em primeiro lugar, a energia sexual precisa ser acumulada nos órgãos reprodutivos femininos, onde é armazenada no chacra de base e no segundo chacra. Depois a energia precisa ser levada até os vórtices da coluna para completar o circuito – como já foi descrito acima. Esse procedimento se chama 'órbita microcósmica'. Em segundo lugar, depois que a energia foi levada até o cérebro e a língua e o palato foram conectados, o chacra do coração deve ser aberto e a energia do amor incondicional deve fundir-se com ela à medida que você faz com que ela desça pela frente do corpo para completar o circuito energético.

Com essa técnica, você leva a energia sexual até os centros espirituais superiores da coroa e entre as sobrancelhas, depois acrescenta a vibração do amor incondicional para completar a tríade. Essa fusão de energia sexual, espiritual e amorosa cria uma potência enorme que pode então ser canalizada para o parceiro, subindo pela sua coluna e assim criando o símbolo do infinito em seu caminho.

Como com qualquer outra coisa, a prática, a intenção e o foco são necessários para você sentir os benefícios que – embora sutis inicialmente – tornam-se poderosos com o correr do tempo. A principal diferença entre as práticas tântrica e taoísta é que o tantra usa mais ritual, enquanto o foco taoísta é mais sobre o fluxo de energia. Ambas são instrumentos poderosos para fundir a experiência sexual com a espiritual.

Muitos adeptos das práticas tântrica ou taoísta contam o seguinte:

- têm uma sensação intensa de ligação com o parceiro, como se os dois fossem um só (resultado de compartilhar os fluxos de energia e direcionar conscientemente o fluxo pelo corpo do outro com vontade e intenção)
- aumento da saúde e da vitalidade. Segundo Mantak Chia, em seu livro *Taoists Secrets of Love – Cultivating Male Sexual Energy*, os lamas tibetanos acham que "perder as sementes" esgota a força vital do corpo, levando ao envelhecimento prematuro, à calvície e à morte
- capacidade de ter orgasmos múltiplos, tanto no cérebro quanto no corpo inteiro
- aumenta a capacidade sexual e a duração do ato, assim como a alegria da comunhão com o outro
- imortalidade física e regeneração dos órgãos através do redirecionamento e reabsorção das propriedades "revivificantes" do sêmen e dos óvulos
- comunicação telepática com o parceiro
- as mulheres podem controlar seu ciclo menstrual para a contracepção e interromper ou dar início à menstruação a seu bel-prazer.

Com a prática descrita também é recomendado o uso do mantra ou programa de Sexo, Espírito, Amor traz equilíbrio. Deve ser repetido muitas vezes enquanto a pessoa acumula a energia no períneo e depois a leva até a base da coluna (área da kundalini) com o comando 'Sexo', depois que a energia sobe a coluna; o comando 'Espírito' deve ser dado quando a energia entra no chacra da coroa; depois se deve usar o comando 'Amor' quando ela entra no coração; e, finalmente, o comando 'Equilíbrio', quando ela volta novamente à região do períneo.

Você pode dirigir essa energia equilibrada para seu parceiro (ou em volta de seu próprio corpo, se estiver sozinha) como na órbita microcósmica e usar os mesmos comandos. Esse mantra aumenta a facilidade do exercício, pois em lugar de visualizar a energia sendo bombeada coluna acima, você pode dirigir seu fluxo para as áreas designadas com a intenção de fundir as energias sexual, espiritual e do amor incondicional para gerar equilíbrio.

Essa técnica pode ser usada quando seu parceiro quer praticá-la conscientemente, e também quando não quer. Basta fazer a visualização do fluxo de energia e usar o mantra quando sentir as energias se acumularem, e deixá-las fluir para o corpo de seu parceiro quando perceber que está sendo orientada nesse sentido. Mesmo assim ela vai fundir suas energias, produzindo um equilíbrio total das energias yin/yang dentro dos dois.

Quando viajo, ouço muitas mulheres revelarem seu desejo de incorporar a sexualidade à sua espiritualidade numa relação amorosa. As práticas tântricas ou taoístas estão sendo usadas agora por muitos, com resultados maravilhosos, e são ideais para conseguir essa fusão, assim como o redirecionamento e purificação do fluxo de energia.

Devido à falta de espaço, não podemos mergulhar muito profundamente nessa prática antiga, mas recomendo *Healing Love through the Tao – Cultivating Female Sexual Energy [O Amor que Cura através do Tao – Como Cultivar a Energia Sexual Feminina]*, de Mantak Chia e Maneewan Chia a todos os interessados. Você não precisa ter alguém para praticar essas técnicas e desfrutar dos benefícios de seu domínio. Junto com a realização de ligações passadas e o corte dos vínculos psíquicos, e da memória celular etc., essas técnicas são maravilhosas para recuperar o domínio sobre os quatro corpos inferiores e criar uma comunhão sagrada nas relações amorosas".

Capítulo 12

Viagens de Outros

Este capítulo detalha experiências de indivíduos que não são grandes santos, nem grandes mestres, mas pessoas comuns que vivem na cultura ocidental e são simples pioneiros de um novo modo de vida.

Rose Witherow, de Melbourne, Austrália, passou pelo processo em novembro de 1994. "Eu estava atraída pela possibilidade do desprendimento, da morte do ego, da morte dos antiquados sistemas de crenças. Queria me conectar a meu Eu Superior e avançar em direção à unidade com tudo o que existe."

Repetindo a afirmação, "Respiro, confio e acredito (sei) que sou exatamente como preciso ser", o peso de Rose estabilizou-se em setembro de 1995 (depois de uma perda de 13 quilos). Seus níveis energéticos mantiveram-se constantemente elevados e sua necessidade de sono diminuiu de 8-9 horas para 4-6 horas por noite. Sem tomar nenhuma vitamina, Rose toma de 4 a 5 xícaras de café ou chá por dia e, às vezes, uma sopa leve e sorvete para curtir o sabor.

Rose fala de seu plano emocional: "Estou muito menos sensível e consigo 'desapegar-me' muito mais facilmente. Estou mais feliz, com mais clareza e mais relaxada. Com mais coração." Além disso, "tenho mais vigor mental. Na verdade, tenho de me disciplinar para sentir quando preciso fazer uma pausa." E, espiritualmente, "estou muito mais pacificada e feliz. Mais confiante e aberta espiritualmente. Sinto mais amor pelos outros (e os julgo menos)."

Charmaine Harley, de Adelaide, que elaborou o questionário e trabalhou nos detalhes dos próximos capítulos, conta que passar pelo processo em junho de 1994 "parece ter ressoado em meu coração, eu sentia como se estivesse indo para casa".

Sua energia "... é muito grande. Em geral só me sinto cansada tarde da noite. Essa nova energia é maior, mais constante, neutra. Quando por acaso sinto que estou indo devagar, descanso durante alguns momentos, peço ajuda e tudo fica bem de novo." Charmaine também não toma vitaminas, bebe principalmente chá e café e, quando está fora de casa em situações sociais, às vezes toma uma sopa leve.

No plano físico, ela sentiu "alteração no peso, uma nova forma corporal, alinhamento da coluna, uma nova postura, uma forma de andar diferente, um corpo sem dores, sem machucados." Com mais clareza mental, Charmaine diz que, no plano emocional, ela "sente-se mais neutra, mais desprendida. Quando sinto emoção, é por pouco tempo, passa logo." E, no plano espiritual, ela "consegue mais concentração, mais sentimento de estar ligada a algo maior, o saber interior é grande, uma sensação de paz, de força."

O maior problema de Charmaine surgiu depois do processo: "uma sensação de estar separada, sentimentos de alienação, de não pensar como todos os outros."

Jim Pesnak, de Brisbane, Austrália, é mais um que passou por esse processo de 21 dias e atualmente ajuda os outros a completar essa travessia. Jim conta que foi intuitivamente orientado a realizar esse processo e ele aconteceu em agosto de 1995. Agora, bebendo um pouco de *kambucha*, suco de fruta, água ou café, ele mantém seus níveis de energia muito mais elevados do que já teve antes e, como muitos outros, agora dorme metade das horas a que estava habituado.

Diz ele que, com mais de 45 anos, não tem de usar óculos, não tem mais dores de cabeça e diz que os amigos lhe dizem que seus cabelos parecem estar crescendo de novo nos pontos onde já estava careca. Emocionalmente, sente-se mais desprendido e notou que sua orientação interna melhorou com uma sensação profunda de "saber" espiritual.

As experiências comuns àqueles que passaram por esse processo em geral são um desprendimento maior, uma ligação mais clara e mais profunda com seu mestre interior e ausência de fome. Independentemente dos indivíduos optarem ou não por dar continuidade ao processo, permitindo que o prana os sustente, ou por voltar a uma dieta mais regular, praticamente todos os que começam essa viagem desenvolvem várias faculdades novas. A constelação de dons e experiências é tão variada quanto os próprios indivíduos.

Nota de rodapé, outubro de 1997:

A idéia de alimentação prânica (assim como as propostas do MSPD) está sendo divulgada por 11 países no mundo todo. Está sendo particularmente bem recebida na Alemanha e na Europa, com muitos indivíduos bem sintonizados parecendo sentir que é o próximo passo para eles.

Agora, milhares de indivíduos no mundo inteiro já passaram por esse processo. As pessoas telefonam constantemente e me perguntam em que lugar podem realizar esse processo e pedem contatos com outros indivíduos que pensam da mesma forma; apesar disso, até agora nenhum "clube" ou rede foi criado. Como é uma iniciação muito pessoal, em geral as pessoas atraídas para ela são de "estirpe guerreira" e confiam em seu mestre interior. Não são do tipo que precisa de grupos de apoio. Sabem que o apoio mais firme que podem ter é do EU SOU.

O que fomos orientados a fazer é criar nossa página na Internet, cujo endereço é:

www.selfempowermentacademy.com.au

e que tem o *HeartLink Forum* para contato e discussão desse processo, além de informações detalhadas sobre nosso trabalho com a Alimentação Prânica. Qualquer pessoa, de qualquer lugar do mundo, agora pode digitar a palavra *Breatharianism* (Respiratorianismo) e conectar-se a nosso *site*.

Capítulo 13

Uma Iniciação Sagrada

Como já mencionamos antes, embora eu nunca tenha sido orientada a ajudar fisicamente outras pessoas a passarem por esse processo de 21 dias, devido ao contínuo interesse em ser capaz de ser sustentada exclusivamente pelos reinos etéricos e não precisar mais comer, fui orientada no sentido de oferecer o máximo possível de informações.

No entanto, eu pessoalmente sinto que, se precisar perguntar a alguém se essa viagem é para você, é porque você não está pronto. Busque confirmação somente de seu Mestre Interior. Se não tiver uma orientação interna clara, você não está pronto.

O processo de 21 dias que apresentamos a seguir é para indivíduos que têm uma sensação profunda de "saber" que é para eles. É para as pessoas que já estão conectadas à voz da intuição. O processo vai fortalecer essa conexão. Recomendo que seja abordado como uma Iniciação Sagrada: dedique essa viagem à fusão com o Deus interior, para que o Divino possa expressar-se plenamente através de seu sistema de quatro corpos e sustentar você com Sua Luz.

Este é o caminho da deusa e do guerreiro. Um período de recolhimento. O momento de saber que, embora você empreenda essa viagem fisicamente sozinho, não está sozinho. Pois, segundo o paradigma da ascensão, você chama à sua presença as energias dos que já ascenderam para trabalharem com o Mestre Interior, e muitos dons lhe serão dados e muito aprendizado terá lugar se você o permitir.

Algumas das pessoas que conheci durante minhas viagens perguntam se podem continuar a trabalhar ou a participar da vida social durante o processo de 21 dias. Aqueles que estão prontos têm consciência de que é um período de reverência. Entendem o poder dessa iniciação. Uma idéia dessas nem lhes passaria pela cabeça.

Já vi muitos passarem por esse processo e depois voltarem a comer. As razões são variadas. Às vezes é porque acabam cedendo às pressões sociais – um assunto ao qual voltaremos no final deste livro. Às vezes é porque foram atraídos originalmente para essa viagem para perder peso – que não é uma motivação adequada.

Antes de tentar o processo de 21 dias, procure tomar consciência de suas motivações. Responda o seguinte questionário:

- Em essência, essa é uma iniciação esotérica de alto nível.
  O fundamental não é comer ou deixar de comer.
  É, basicamente, o alinhamento
  das energias do EU SOU Presença.
  O fato de que não é mais necessário comer
  é apenas um subproduto dessa iniciação.

As informações do próximo capítulo são citadas textualmente nos manuais publicados por Charmaine Harley em Adelaide, Sul da Austrália. Charmaine e outros desempenharam um papel fundamental ao cuidar de muitas pessoas e orientá-las quando elas empreenderam o processo em 1994.

Numa conversa recente com Charmaine, ela disse que, como com todas as coisas, é importante usar o discernimento individual. Não é imperativo ter alguém que cuide de você, nem que o oriente, mas ela acha que pode ajudar. Charmaine não está mais envolvida pessoalmente na supervisão do processo de 21 dias.

Repetindo mais uma vez, eu particularmente acho que, se você sente necessidade de alguém que o oriente, não está pronto. Você tem que saber o que fazer. O único que pode aconselhá-lo é você mesmo. Se for um instrumento afinado, você não vai se sentir confuso durante esse processo. Se tiver o domínio mental necessário e seu corpo estiver preparado, não vai ficar fraco, nem se sentir esgotado.

É importante reconhecer e eliminar crenças restritivas. Se você espera perder peso, vai perder. Precisa reprogramar o corpo para estabilizar o peso no ponto certo para demonstrar e expressar a essência do EU SOU, inteiramente fundida com a realidade física. Reprogramar-se antes de começar é muito mais fácil do que perder muitos quilos e depois tentar recuperar o peso com o poder da intenção ou voltando a comer.

Recomendo-lhe que prepare o corpo de uma forma respeitosa para garantir facilidade e prazer nesse processo de transição. Alguns indivíduos vão a restaurantes tomar o café da manhã, almoçar e jantar durante várias semanas antes, desfrutando plenamente tudo o que gostam de comer, sentindo que será sua última refeição. Depois, quando entram no processo de 21 dias, sofrem grande desconforto com a liberação de toxinas, etc.

Recomendamos uma eliminação gradual da carne vermelha e depois da carne branca; em seguida, passe para alimentos crus, depois para sopas e líquidos e finalmente comece os 21 dias com um sistema limpo e bem sintonizado. Quanto tempo você vai precisar para passar da carne para os alimentos crus e depois para os líquidos cabe a cada um decidir. Faça tudo isso de uma forma que lhe dê prazer e bem-estar. O corpo vai guiá-lo, se você se dispuser a ouvir.

Tendo me envolvido nesse processo como uma "pioneira" e depois assistido muitos outros passando por ele, descobri que quanto mais sintonizadas as pessoas estão com seu espírito interior e sua consciência corporal, tanto mais fácil a viagem e tanto maior sua probabilidade de adaptar-se a ele como um modo de vida, e não como uma aventura de curta duração.

Consultar adendo à 2ª edição na página 220.

Capítulo 14

Prefira Deus à Ilusão

Charmaine Harley

O capítulo que se segue com informações e diretrizes práticas foi elaborado por Charmaine, quando ela respondeu por escrito às perguntas mais comuns feitas por muitos curiosos ou pessoas interessadas em fazer essa viagem "específica". São apenas diretrizes e recomendamos que você use seu próprio discernimento e orientação interna.

O que você tem em mãos são as diretrizes e uma explicação parcial de um processo pelo qual passamos em junho de 1994. É a parte mais empolgante até agora de nossa viagem de volta ao lar nesse planeta, e nos sentimos tocados pelo seu interesse em partilhar da experiência. Não ingerimos bebidas nem alimentos para nosso sustento desde junho de 1994, o que resultou na aquisição de uma consciência mais intensa de nossa ligação com Deus.

Temos desfrutado de muitos benefícios por confiar em Deus para nos prover o sustento e nos dar energia, e essas diretrizes não explicam tudo; aliás, nem é a nossa intenção. Nosso alinhamento com o Eu Superior manifestou-se para nós a partir dessa experiência e de nossa confiança na Fonte. O espírito está adquirindo controle sobre o nosso ego e isso está nos proporcionando uma nova sensação de liberdade, saber, aceitação e amor.

Se você está querendo transcender seus velhos sistemas de crenças e confia naquele saber que está lá no fundo de seu ser – essa experiência talvez seja para você. Descobrimos que não é preciso entrar num mosteiro ou viver numa caverna das montanhas para atingir um novo plano de consciência.

Essas diretrizes se destinam aos verdadeiros viajantes, comprometidos com seu caminho. Devem ser recebidas de boa fé e não devem ser interpretadas fora de seu contexto.

Essas diretrizes dividem-se em duas partes. A primeira oferece algumas informações básicas para você pensar como forma de se preparar para o processo, e a segunda apresenta os detalhes do processo em si. Se você passar a Parte 2 das diretrizes para outra pessoa, peço-lhe o favor de verificar se a pessoa em questão está para iniciar o processo nessa noite mesmo e já leu e compreendeu inteiramente a Parte 1 antes.

Os direitos autorais referentes a esse material pertencem a Lucy Zane Pty Ltd.*, desde junho de 1995, e só pode ser reproduzido como cópia integral e com nossa permissão para garantir sua sacralidade, integridade e autenticidade.

Acreditamos sinceramente que você vai respeitar essa condição.

Muito obrigada.

DIRETRIZES PARA O PROCESSO DE 21 DIAS

Charmaine Harley

Se você está considerando a possibilidade de passar pelo processo de 21 dias, precisa ler todas essas diretrizes com o maior cuidado:

DIRETRIZES: PARTE I

O processo de três semanas é apenas um dos passos que você vai dar em sua viagem de volta ao lar. No entanto, pode muito bem ser o período mais importante de sua vida – e, com isso, quero dizer todas as suas vidas nesse planeta.

O passo que você está pensando em dar é um passo corajoso e é respeitado por nós, por seu espírito e por Deus. Você pode fazer uma grande diferença nesse planeta seguindo seu próprio coração e reconhecendo Deus como sua única verdadeira Fonte de amor, luz e alimentação. Você pode adquirir autodomínio nesta vida e ir além do ciclo de nascimento/morte, causa/efeito. Esse é um dos passos para ajudá-lo.

*Publicado neste livro com a permissão de Charmaine Harley.

Depois de completar os 21 dias, você não vai mais precisar de comida para viver, nem para lhe proporcionar energia. Sua alimentação e energia (nutrientes) serão fornecidos pela Luz. Você vai dar o Salto da Fé e, para isso, aconselho-o a dar um passo além da Ilusão.

Enquanto lê essas linhas, você vai perceber que faço referência a Deus ou a um Poder Superior. Para ir além e obter autodomínio, você vai precisar acreditar em alguma coisa. Não somos apegados a nenhum termo em particular - uso a palavra Deus porque me sinto à vontade com ela. Seja qual for o termo com que você se sinta à vontade, este é o certo para você. De qualquer modo, somos todos uma só consciência, de modo que não há separação num sentido literal. As palavras são desajeitadas - podem ser limitadoras e parecem rotular as coisas e colocar nossas crenças em caixas. Para os objetivos de minha explanação, vou usar o termo "Deus".

Várias pessoas chegaram à conclusão de que algumas explanações possíveis para partes do processo lhes foram benéficas - principalmente no sentido de criar pontes com seus sistemas de crenças e desenvolver a fé.

Nessas diretrizes, colocamos algumas das histórias ou verdades em itálico, mas isso não significa que outras explicações não possam ser mais apropriadas para você.

A experiência desse processo de 21 dias é realmente uma mudança de paradigma de nossa antiga realidade para um sistema de crenças inteiramente novo. Vamos realmente além da realidade com a qual estamos familiarizados - vamos para o desconhecido.

As mensagens originais relativas a esse processo foram transmitidas mediunicamente pelos Mestres Ascensos... como um processo que leva à Ascensão. Acreditamos que esses Mestres estão aqui nesse momento para oferecer seu amor, apoio e luz e para ajudar na transformação incrível que está acontecendo na Terra. Eles oferecem imediatamente ajuda e informações àqueles abertos a suas energias... Dizem que, enquanto uma pessoa está passando pelo processo de 21 dias, esses Mestres e seu espírito/eu superior/eu sou presença estão constantemente com ela e ela só precisa pedir sua ajuda. Algumas sentem essas energias, outras vêm esses Mestres e outras não têm consciência de nada. Não tem importância – o processo é feito com segurança.

Luz do Sol para o Almoço

Um livro que li recentemente fala sobre "Respiratorianismo" e, tal como o vejo, o processo de 21 dias é um passo no sentido de você se tornar um respiratoriano e um imortal se essa for uma opção sua. Citei parte do livro, só para lhe dar uma idéia do verdadeiro potencial de seu ser.

"O respiratorianismo foi o estado mais perfeito do ser humano. Ele e ela viviam da radiação solar. As massas viciadas em comida e em drogas, por meio de sua glutonice habitual, fecharam a entrada do espírito. Quando o estômago trabalha, a força vital concentra-se nos órgãos digestivos em vez de enfocar as cinco câmaras dos sinus na cabeça. Poucos buscam as verdades cósmicas da vida e as colocam em prática. 'Ó, como é estreita a porta e como é difícil a estrada que leva à vida, e poucos são os encontrados nela!' (Mat. 7:14)".

Todo processo vital é reversível. Pode levar de algumas semanas a muitos anos para fazer a transição que nos traz de volta à dieta mais apropriada que existe para o ser humano – o fruto do paraíso. Os que têm a alma de Matusalém e um corpo capaz de escalar os picos podem muito bem transcender até essa altura para chegar ao respiratorianismo. O professor Hilton Hotema discutiu o assunto em *Man's Higher Consciousness [A Consciência Superior do Homem]*. Os pulmões, não o estômago, é que são os órgãos vitais. A linha da vida é a coluna vertebral, não o trato digestivo. A função mais vital de todas é a respiração. "Quando os seres humanos consumiam somente a radiação por meio de seus órgãos respiratórios, como faziam na antiga Idade de Ouro, quando viviam mil anos, segundo a tradição... a doença era desconhecida."

"Quando as pessoas viviam de radiação solar e ar, recebiam as quantidades exatas de energia que o corpo precisa. Os pulmões e a pele absorviam a energia necessária e também eliminavam os resíduos. Quando você procura equilibrar a ingestão de comida, pode consumir uma quantidade grande demais de um nutriente e não ter o suficiente de outros. Dependendo do clima em que as pessoas vivem, para compensar a intensidade da luz do sol, o pigmento da pele fica mais escuro ou mais claro, para garantir que a quantidade e o tipo certos de raios entrem nas células do corpo. O pigmento atua como um filtro que reduz a intensidade do espectro e escolhe o tipo de luz que penetra na pele".

(Fragmento extraído de *Survival into the 21st Century [A Sobrevivência no Século XXI)*, de Viktoras Kulvinskas.)

Aqui está mais um texto interessante sobre o poder de Deus...

"Nunca acredite que você vive pelo poder dos alimentos e não pelo poder de Deus! Ele, que criou todas as formas de nutrição, Ele que concedeu o apetite, providenciará inevitavelmete o sustento de Seus adeptos. Não imagine que o arroz o sustenta, nem que o dinheiro ou os homens o sustentam. Poderiam eles ajudá-lo se o Senhor retirar seu sopro de vida? Eles são apenas Seus instrumentos. É por meio de alguma capacidade sua que a comida é digerida em seu estômago?"

(Fragmento extraído de *Autobiography of a Yogi [Autobiografia de um Iogue]*, de Paramahansa Yogananda.)

E...

"No dia 18 de setembro de 1962, Teresa Neumann morreu em Konnersreuth, a aldeiazinha no norte da Bavária onde nasceu e viveu toda a sua vida. Rels, como a chamavam seus familiares e amigos íntimos, tinha 64 anos e mostrou a *stigmata* durante 36 anos. Antes que elas aparecessem pela primeira vez,

Teresa foi miraculosamente curada de cegueira e paralisia nas pernas. A partir do momento em que as feridas do Cristo crucificado apareceram em suas mãos, pés e peito, ela não precisou mais tocar em comida e bebida: investigações rigorosas ordenadas pela Igreja e confirmadas por médicos estabeleceram a realidade desse estado de coisas inusitado. Quando as pessoas lhe perguntavam do que vivia, Teresa respondia com toda a simplicidade, 'De Deus!', isto é, da hóstia consagrada que recebia todos os dias".

(Fragmento extraído do livro *Teresa Neumann*, de Paola Giovetti.)

E...

"Ilustrando que existe um poder superior além de nosso pensamento tal como o concebemos, Deepak Chopra diz:

"Nosso corpo humano é um campo de infinita capacidade de organização. Há 6 trilhões de reações ocorrendo no corpo humano a cada segundo e todas elas estão correlacionadas com todas as outras reações; todo evento bioquímico particular sabe que está ocorrendo um outro evento bioquímico no corpo. Um corpo humano pode pensar, tocar piano, cantar uma música, digerir comida, eliminar toxinas, matar germes, acompanhar o movimento das estrelas e criar mais um bebê ao mesmo tempo, e correlacionar cada uma dessas atividades com todas as outras".

(Fragmento extraído do livro *Creating Affluence [Como Criar Abundância]*, de Deepak Chopra.)

Parece-me um pouco arrogante pensarmos que podemos fazer tudo isso sozinhos sem o auxílio de uma Fonte infinita. Há um plano amoroso, um Criador amoroso que nos sustenta a todos e cada um de nós, se nós assim o permitirmos.

E temos ainda esse trecho do livro *God I Am [Eu Sou Deus]*, de Peter O Erbe:

"Nossos corpos, por exemplo, têm a capacidade de transformar – isto é, de articular – os fótons da luz das estrelas, ou da luz do sol, no sustento requerido pelo corpo. É um processo semelhante à fotossíntese. Essa capacidade virá à tona num nível coletivo quando a humanidade adquirir a supraconsciência, que pode já estar desenvolvida no estado de Percepção Genuína. Esse 'desenvolvimento' não é um processo consciente. Ocorre no plano da essência da alma, isto é, essa capacidade de alimentar a combustão interna do corpo físico partindo diretamente dos elétrons - sem o desvio pela matéria à base de carbono - virá à tona naturalmente. Vem na medida de nosso despertar. O processo vai mais longe: num estado de supraconsciência, deixamos de absorver energia (isto é, dos combustíveis fósseis, dos minerais etc.) da Terra; transformamos diretamente a luz nas formas requeridas por nossas necessidades cotidianas".

Onde Começar?

- Você precisa pensar numa data para iniciar o processo.

- Converse com alguém que já tenha passado pelo processo de 21 dias, faça muitas perguntas e certifique-se de que sabe tudo quanto há para saber, independentemente de seus medos, esperanças e prazeres.

- Leia o questionário de auto-sondagem de forma verdadeira e honesta. Esse processo não é uma fuga do mundo, nem das coisas de sua vida que não estão dando certo - se você acha que é isso, pode ficar muito frustrado depois ao descobrir que toda a sua bagagem ainda está lá à sua espera. Na verdade, está bem diante de seus olhos. No entanto, com os *insights* e desprendimento adquiridos com o processo, parece muito mais fácil ver e liberar-se.

- Não é recomendado empreender esse processo para recuperar a saúde ou chegar ao peso perfeito. Esses podem muito bem ser efeitos colaterais da busca de autodomínio, mas o apego a esses objetivos - como todos os apegos - precisa ser vencido.

- Não fazemos nenhum tipo de recomendação médica nem

assumimos nenhuma responsabilidade por qualquer problema ou tratamento de saúde, nem oferecemos conselhos a respeito.

- Depois disso, não deixe de procurar a orientação interior para se certificar de que você está pronto e tem condições de ir até o fim desse processo de 21 dias.

Nota de Jasmuheen:

Esse processo é apenas para aqueles que, depois de lerem este livro, sentirem que seu coração responde com grande alegria! Pois a alegria é a voz do Ser Interior Divino e, quando estamos alinhados com nosso verdadeiro projeto de ser, ele se comunica conosco através da emoção de sua alegria.

O QUESTIONÁRIO

Charmaine Harley

Quando as pessoas ouvem falar desse processo pela primeira vez, as reações variam muito! Para os que sentem que esse processo desperta ecos dentro de si e sabem, no fundo do coração, que é para eles, está tudo perfeito. No entanto - por maior que seja a empolgação - no fim do dia a mente também tem de ser vencida. O desafio com isso pode ser desanimador e criar confusão, de modo que a primeira coisa a dizer aqui é que, embora esse processo o leve de volta para Deus, embora seja algo além de tudo quanto você conhece - há alguns obstáculos a ser transpostos e algumas pontes a ser cruzadas, obstáculos e pontes que foram criados pela mente que está negando sua grandeza e autenticidade.

Se você tem realmente noção da maravilha que é, de seu verdadeiro potencial, esse processo é desnecessário; basta fazer as malas e voltar imediatamente para casa! Mas, até hoje, nossa natureza é de luta e dor, e não de paz e fluência, de modo que precisamos criar um processo que nos possibilite PARAR e entrar em nosso interior. Um processo mental para nos liberar da mente. E é provável que seja o que você está procurando.

Portanto, o objetivo desse questionário de auto-sondagem é possibilitar que você saiba se o processo de 21 dias é realmente para você nesse momento.

Como o processo diz respeito à renúncia ao ego e a todas as nossas crenças, é importante que, ao tomar sua decisão, você enfrente corajosamente essas perguntas. Se não puder responder sim a elas, talvez você deva se perguntar por quê quer realizar esse processo de 21 dias. Você precisa poder responder sim honestamente a todas as perguntas.

QUESTIONÁRIO DE AUTO-SONDAGEM

1. Você está preparado para qualquer coisa que aconteça?
2. Está disposto a se submeter à maneira de Deus agir?
3. Está preparado para aceitar explicitamente uma série de "regras" para os 21 dias?
4. Está disposto a deixar sua vida inteira "em suspenso" durante 21 dias?
5. Tem condições de abrir mão do apego a "coisas" de "seu mundo", se lhe pedirem? Pode ser sua família, seus filhos, suas relações afetivas, seu lar, seu carro, sua carreira, seu dinheiro, seu modo de vida, suas posses. Isso pode ser durante 21 dias e/ou mais.
6. Você sabe que seu apego a pessoas, crenças ou coisas pode impedi-lo de perceber seu verdadeiro potencial e sua grandeza, e de chegar ao Autodomínio?
7. Tem consciência da diferença entre abandonar pessoas e coisas e abandonar seu apego a pessoas e coisas?
8. Você tem plena noção do quanto a mente pode ser poderosa e que ela cria o que você chama de realidade 100% do tempo e que isso inclui o tempo que você dispende no processo de 21 dias?

9. Você também sabe que isso significa que, aconteça o que acontecer no processo, é algo criado por sua mente e faz parte do processo que você criou e ao qual deve se submeter – para liberação e cura?

10. Como exemplo, digamos que depois de 11 dias do processo, seus intestinos ainda não funcionaram. Digamos que você cria uma dor nessa área e fica com medo de estar com uma obstrução intestinal. Você sabe que, embora sua mente tenha criado a dor, ela também lhe diz que a dor pode ser real. Você fica mais assustado ainda e, se sucumbir a esse drama criado pelo medo, estará dizendo não à maravilha e grandeza de seu ser e à capacidade de se curar com a energia de Deus. Como você criou essa dor mentalmente, pode acabar com ela, simplesmente com sua fé, entrando dentro de si mesmo e pedindo ajuda. Esse processo foi criado pela mente e pode ser eliminado de sua mente. Compreende isso? É claro que não há necessidade alguma disso acontecer durante o processo (principalmente se você resolver fazer algumas lavagens de cólon antes de começar o processo – Jasmuheen).

11. Você sabe que o processo de 21 dias vai mudar sua vida a partir do exato momento em que ouvir falar dele e que você nunca mais voltará a ser a mesma pessoa?

12. Você sabe que não é obrigado a passar por esse processo? Os desafios que pode trazer são seus e só seus e, por isso, é muito importante que você entenda com o que está se comprometendo. Já conversou com alguém que tenha completado os 21 dias? Tem certeza absoluta de que você sabe do que se trata e o que está escolhendo?

13. Tem certeza absoluta de estar optando por passar por esse processo por ele mesmo e por nenhum outro motivo? Que não é por causa de sua família, de seus amigos, de seu líder, de seu mestre, nem de pressão de grupo ou algo do gênero?

14. Há muitos benefícios que podem advir desse processo, como mais saúde e o peso ideal. No entanto, só o seu desejo de atingir essas metas não são suficientes para você começar esse processo. Sabe que sua fé em Deus ou num Poder Superior é necessária para você chegar ao Autodomínio ou à expansão da consciência?

15. Tem noção da possibilidade de beleza, clareza, leveza, estado de ser, comunhão e beatitude, gentileza, amor e paz, alegria e liberdade que esse processo pode lhe trazer? Está preparado para isso?

16. Você deseja realmente Deus e entrar num estado de Unidade?

Se você conseguir responder sim a essas perguntas, pode muito bem estar sintonizado com a pureza e ter condições de estar à altura da sacralidade desse processo.

DIRETRIZES: PARTE II

Uma pessoa para cuidar de você

- Nessas diretrizes, sugeri que haja alguém para ser seu acompanhante e alguém para ser seu orientador.
- Seu acompanhante deve ser alguém que entenda e esteja disposto a apoiar seu processo.
- Um orientador é uma pessoa que tem clareza e que já completou o processo de 21 dias.
- O termo "clareza" é usado aqui para designar uma comunicação clara e fácil com o Espírito e com o saber intuitivo do que seu processo está sendo para você.
- O que é importante durante seu processo é que você tenha alguém com clareza, informando-o a respeito das várias partes do processo sobre as quais você também precisa ter clareza, e de um acompanhante que cuide de você e atenda suas necessidades físicas. Podem ser a mesma pessoa, ou o contato entre você e seu orientador.

- A pessoa de clareza deve ter muita consciência de seu papel. O orientador pode visitá-lo ou ser contatado por telefone.
- Gostaria de sugerir também aqui que você tenha apenas um acompanhante para cuidar de você fisicamente e um orientador, para evitar confusão com opiniões demais!
- Os acompanhantes que cuidam fisicamente de quem está passando pelo processo de 21 dias devem ser pessoas ternas e amorosas, mas não é indispensável que já tenham passado pelo processo. Elas aceitam e entendem seu compromisso e comprometeram-se elas próprias em apoiar o processo o tempo todo. Se você não está vivendo no mesmo espaço que elas, elas o visitam todos os dias para cuidar de suas necessidades físicas, que podem ser: trocar sua roupa de cama, lavar suas roupas, ajudá-lo a ir ao banheiro, se necessário, comprar seu suco de frutas, arrumar suas flores, molhar suas plantas – seja o que for que você precisar.
- Seu papel é principalmente no plano físico, mas também lembrá-lo de seu processo e mantê-lo no rumo certo. Digo no plano físico principalmente porque até processar as coisas num nível emocional ou mental é uma distração. Essas pessoas também filtram o chamado "mundo real". Elas não discutem coisas mundanas com você, nem o distraem do processo. Basicamente, elas o mantêm quieto e livre de qualquer distração.
- Durante o processo, muitas pessoas sentem irritabilidade e ficam um pouco desagradáveis. Se isso acontecer, por favor, não ponha a culpa de seu mal-estar na pessoa que está cuidando de você. É um ser humano que está fazendo o máximo por você; seja-lhe grato por se oferecer para estar a seu lado.

- Todos os acordos com a pessoa que vai cuidar de você e o que você espera dela devem ser discutidos e esclarecidos antes do processo começar. Isso é importante porque as três semanas são um período para você e para o espírito.
- É um período de entrega, de desprendimento e de abrir mão do controle, e você (seu ego) vai pensar em formas de sabotar sua paz e distraí-lo do momento presente.
- Se você realizar o processo de 21 dias na casa de seu acompanhante, lembre-se de que há custos que precisam ser compensados. A maioria das pessoas que cuidam de quem está passando por esse processo pedem uma doação e/ou pagamento das despesas a serem feitas. Esclareça esse ponto antes de começar sua viagem. As pessoas que acompanham outras nesse processo sentem-se felizes por dedicar seu tempo e amor como parte dos serviços prestados, mas não têm necessariamente de sustentar você financeiramente.

O papel do Acompanhante

- Uma pessoa que assume o papel de cuidar de alguém que está passando pelo processo de 21 dias precisa ser respeitada. Não só é uma grande responsabilidade, como uma honra muito grande partilhar essa viagem com outros. É um papel que envolve amor, compreensão e força. Seu amor e coragem podem fazer uma diferença enorme no processo de entrega e à sua sensação de segurança. Há tantos tipos de processo quanto indivíduos, e cada um deles é único.
- Às vezes, o papel pode ser um desafio para o acompanhante. Como acompanhantes, orientamos a pessoa no processo de confiar em Deus, de se entregar e pedir ajuda – portanto, fazemos o mesmo, pois, quando precisamos de amor e apoio, pedimos ajuda a Deus.
- Tenha muito cuidado com os indivíduos que você está acompanhando e com sua personalidade/ego. Trate a personali-

dade com amor e, ao mesmo tempo, seja firme. Seja sensível ao que ela precisa sem estar sempre fazendo-lhe as vontades ou procurando controlar o que está acontecendo.

- Lembre-se de que você é o único contato com o mundo exterior durante três semanas. Dê-lhes apoio e eles lhe serão eternamente agradecidos. Seja insensível que eles se lembrarão para sempre. Compare todos esses indivíduos a um "bebê recém-nascido e, portanto, vulnerável". São dependentes e impressionáveis e estão praticamente à sua mercê. Seu amor e confiança são importantes para a relação afetiva que foi estabelecida para esse processo.

- É aconselhável que você não cuide de duas pessoas ao mesmo tempo no mesmo espaço, por causa das dificuldades envolvidas.

- Ao preparar as pessoas para o processo, certifique-se se elas se organizaram de antemão, se estão bem informadas e têm tudo o que precisam. Depois que o processo tem início, não tem mais jeito. Não se envolva em discussões. No que diz respeito a coisas necessárias a elas ou fazer coisas erradas, se as coisas não foram organizadas antes, deixe passar porque agora seriam distrações.

  Desfrute de sua parte no processo e veja a beleza que começa a cintilar nas pessoas com a luz que vem de sua experiência.

Nota:

O acompanhante precisa ler essas diretrizes para entender e talvez conversar com um de nós para ajudar a realização de uma viagem sem percalços para todas as pessoas envolvidas.

Nota de Jasmuheen:

Já notei que parece haver três tipos de pessoas atraídas por esse processo.

O primeiro são os guerreiros que recebem a informação, sentem imediatamente que é seu próximo passo e, por conseguinte, lançam-se no processo com um mínimo de agitação. Já estão sempre bem sintonizados com o Divino dentro de si – depois de muitos anos de meditação – e sempre são vegetarianos e/ou frugíferos. Tendem a ir até o fim do processo sem dificuldades.

Em segundo lugar, vêm aqueles que gostam de realizar sua travessia com um grupo de amigos. Podem alugar uma casa na praia ou na montanha e desfrutar a solidão e o apoio mútuo que oferecem uns aos outros.

Em terceiro lugar vêm aqueles que gostam da idéia de ter um acompanhante que está disponível para satisfazer todas as suas necessidades.

Quanto mais bem preparado você estiver antes do processo, tanto menos provável é a necessidade de ter um acompanhante. Todas as opções são feitas no plano intuitivo do indivíduo.

Preparação para o Processo de 21 dias

- Prepare-se para três semanas isolado do mundo – nada de telefonemas, nem de computadores, nem trabalho ou emprego, nada de vida social. É um ponto que nunca se enfatiza demais enquanto grau de entrega necessário para você se beneficiar 100% desse processo que depende de você.
- Desista de todas as tarefas e idéia de fazer alguma coisa durante esse período.
- Você não pode se preocupar com ninguém – sua única preocupação é com você mesmo.
- Afaste-se do mundo exterior tanto quanto possível. Com mundo exterior queremos dizer seu trabalho, sua família, seus amigos, atividades sociais e até o apego à companhia de seus animais de estimação. É preferível estar longe de casa, onde as distrações podem acontecer facilmente.

- Depois de começar esse processo, você não pode abandonar seu meio ambiente mais próximo, nem se preocupar com nada de natureza mundana. Portanto, termine todas as suas tarefas ou deixe-as organizadas para outras pessoas tomarem as providências necessárias como, por exemplo, marcar entrevistas, reuniões, pagar as contas, molhar o jardim, cuidar dos animais de estimação, etc.
- O que se pede de você é que abandone tudo durante o período de três semanas.
- Se você vai realizar o processo em sua própria casa, certifique-se de que todas as suas necessidades serão respeitadas e que todas as compras sejam feitas de antemão.
- Embora não aconselhemos que seja feito em um espaço com a família, amigos ou animais de estimação, se você preferir assim mesmo, certifique-se de que ninguém vai exigir sua companhia, que você não vai receber visitas, nem atender o telefone (ligue a secretária eletrônica ou tire o telefone da tomada quando não houver mais ninguém em casa que possa atendê-lo).
- Coloque-se nas mãos do Divino. Essa é uma viagem de entrega.
- Recomendamos um programa de desintoxicação na semana anterior ao início de seu processo. Seria basicamente uma comida mais leve e nenhuma carne vermelha durante essa última semana. Ao mesmo tempo, usufrua da comida da qual você acha que vai sentir falta. Mime-se.
- Cada pessoa tem uma compreensão diferente de "mais leve". Mesmo assim, comece a escolher mais sua comida como forma de preparação.
- Álcool. É preferível suspendê-lo uma semana antes do início do processo, mas é imperativo não tomar nada três dias antes, pois em geral é preciso esse tempo para limpar o organismo.

- Pede-se para você suspender o uso de qualquer tipo de droga e/ou cigarros.
- Nenhuma atividade sexual de qualquer tipo durante os 21 dias – depois do processo, você vai precisar buscar a orientação de seu Eu Superior para se decidir sobre essa questão.
- Caso se sinta tentado a pedir ajuda de influências externas ou outras pessoas, como, por exemplo, para um tratamento corporal, assistência médica, suplementos alimentares... é importante ter consciência de que essa é uma reação de seu condicionamento e programação antigos. Nossa sugestão é que você pense na possibilidade de consultar seu médico. Pergunte o que isso poderia lhe ensinar ou mostrar – depois entre dentro de você e peça ao Espírito para ajudá-lo com essa situação, acreditando que o Espírito tem mais capacidade de resolver o problema. Este é um período para você se lembrar da entrega e da fé que se exige de você para conseguir dar esse salto imenso. Para seu progresso futuro em termos de Autodomínio, esse é o pré-requisito.
- Também é bom lembrar que qualquer rotina rigorosa que você siga normalmente, como meditação estruturada, um sistema de respiração, sessões de ginástica, meditação transcendental, Tai Chi... deve ser posta de lado durante 3 semanas. Depois você pode retomá-la, se ainda quiser e se ela ainda for apropriada. Esse é um período para relaxar e estar na tranqüilidade da Presença Divina e permitir que Ela faça o que precisa ser feito sem ter de cumprir sua "rotina".

A mesa de cirurgia da Natureza, que opera sem bisturi

Durante o processo de 21 dias, o corpo mostra sinais de que está se limpando e que não há absolutamente nada a temer. A Mãe Natureza sabe melhor do que nós e vai cuidar de você em qualquer crise, porque ela é o verdadeiro médico de Deus.

Alguns sinais de que o corpo está começando a se purificar:

- Insônia
- Dor de cabeça
- Náusea
- Irritabilidade
- Dores musculares
- Língua grossa
- Mau hálito
- Sensação de fraqueza
- Inquietação

Os primeiros dias costumam ser os mais difíceis e, quando há sinais de desconforto, em geral não duram muito. Quando surge uma dor, ela passa em algumas horas. Portanto, a essa altura, só descanse até tudo voltar ao normal. O desconforto é o resultado da liberação de toxinas que podem irritar os tecidos e os nervos. Em qualquer área do corpo congestionada por toxinas, ela vai determinar o tipo de crise de eliminação que pode ocorrer.

Não há necessidade de se preocupar com nada, pois esses são todos sinais comuns de limpeza do corpo. A natureza só vai eliminar aquilo com que pode lidar sem sobrecarregar seus órgãos. Você está em absoluta segurança. A natureza está realizando sua "faxina" no seu corpo e é mais provável que você sinta a alegria de estar com um corpo mais limpo, uma sensação de leveza, de amor, de beleza, de clareza mental e comunhão com o Espírito ou Deus.

Nota de Jasmuheen:

Recomendo enfaticamente a todos que se preparem razoavelmente ANTES do processo:

1) Fortaleça-se e esteja em forma.

2) Elimine aos poucos as comidas mais pesadas, principalmente carnes e álcool.

3) Jejue e, se for orientado nesse sentido, faça lavagens intestinais para limpar os orgãos internos e liberar toxinas.

Quanto mais preparado você estiver, tanto mais fáceis serão os 21 dias!

Durante os 21 dias, não há nenhuma programação especial a seguir. É um período de entrega. No entanto, você talvez queira discutir com seu acompanhante quando ele o visitar, se achar que é importante para você.

O processo de 21 dias é dividido em quatro partes:

1 Os primeiros três dias, antes do Espírito** sair na terceira noite

2 Entre o quarto e o sétimo dias

3 Entre o oitavo e o décimo quarto dias

4 Do décimo quinto até o vigésimo primeiro, antes do final do processo.

O Que Você Vai Precisar para as 3 Semanas

- Um espaço quente, acolhedor e sossegado com uma cama e, de preferência, com uma cadeira confortável, com muita luz e ar fresco. Uma pequena área externa para você ter ar fresco e luz do sol seria o melhor.
- Pilhas de roupas confortáveis e de roupas quentes, dependendo do clima e da estação do ano. Esteja preparado, porque você pode descobrir que seu termostato corporal está diferente do que costuma ser.

**Isso significa apenas que o campo energético do corpo espiritual funde-se com o campo energético de freqüência mais elevada do Eu Sou Presença – dependendo do grau de iniciação – Jasmuhheen.

- Salsaparrilha e água em proporções a seu gosto.
- Gelo para mastigar na boca e depois cuspir. Alguns gostam de gelado.
- Um balde para servir de escarradeira com fatias recém-cortadas de limão para você ter algo fresco por perto.
- Toalhas de rosto.
- Telefone para chamadas rápidas, a fim de contatar seu acompanhante e seu orientador no 4º, no 7º e no 21º dias – para falar de seu processo.
- Óleos essenciais e um queimador – olíbano, sândalo e alfazema são recomendados para aromatizar o ar, se você quiser.
- Velas para criar um clima inspirador.
- Um banho pode ser muito bom.
- Um banquinho para colocar embaixo do chuveiro, caso você se sinta fraco.
- Durante o processo, a menstruação em geral não é afetada; mesmo assim, prepare-se para algumas alterações, pois há mulheres que têm irregularidades, um fluxo mais abundante, um fluxo menos abundante etc.
- Um trabalho criativo como artes plásticas, tricô, instrumentos musicais ou um *hobby* leve, desde que você goste e não se sinta obrigado a fazer nada.
- Leituras leves e que façam você se sentir bem. O material a ser lido nesse período não deve ser considerado bom ou mau – é só para ocupar a cabeça durante pouco tempo.
- Música suave – só instrumental.
- Durante a segunda semana, "suco de fruta" que tenha uma concentração de apenas 25% é o recomendado. Note que um suco industrializado pode ser melhor do que um suco de frutas frescas – porque as frutas frescas podem ser ácidas demais e causar desconforto a seu sistema nesse momento.

- Durante a terceira semana, qualquer suco de fruta, desde que sua concentração não seja maior que 40%.
- Se você tiver alguma dúvida sobre a qualidade ou o tipo de suco de fruta que deve tomar, use seu discernimento. O principal é que seja diluído para haver uma absorção mais fácil pelo seu sistema, que agora está mais sensível (Jasmuheen).
- Um bloco e canetas de várias cores para você escrever ou desenhar criativamente.
- Um diário, com o objetivo de escrever sobre sua experiência pessoal e sua viagem enquanto está trilhando o caminho.

O Que Você NÃO Precisa

- Televisão
- Trabalho mental
- Leitura de material que condiciona a mente
- Visitas
- Telefonemas
- Músicas com letras
- Exercícios vigorosos
- Sair dos limites de sua residência
- Qualquer coisa que o distraia do momento presente

Nota:

A consumação do processo pode ser prolongada por razões muito particulares. No entanto, se as diretrizes forem seguidas, elas geralmente garantem um período fácil e fluente para você. O motivo de apresentarmos diretrizes é oferecer-lhe o máximo de apoio possível para você ir além da mente egóica, parar de tomar decisões com base nos hábitos ou no condicionamento.

Entregue-se totalmente, sem buscar o quadro de referências da mente. Se conseguir imaginar-se como um discípulo discriminador que está assimilando as diretrizes, acho que você deve estar começando a descobrir o mestre interior e não é mais um escravo da mente. Quanto mais for capaz de se entregar... de simplesmente permitir... tanto mais rapidamente sua essência terá condições de brilhar.

A lagarta não questiona, nem luta com sua velha forma – simplesmente aceita o processo de transformação e torna-se uma linda borboleta. Não há sofrimento. Não há resistência. É uma transmutação natural.

O PROCESSO DE 21 DIAS
A CONVERSÃO DO CORPO FÍSICO

Charmaine Harley

Os Três Primeiros Dias

- Seu processo começa à meia noite e, a partir desse momento, não vai mais haver comida nem bebida durante os sete dias seguintes.
- Esse é um período de tranqüilidade para você se consolidar, meditar (sejam quais forem os seus meios) e ficar consigo mesmo.
- Entre dentro de si para estabelecer contato com seu espírito, seu mestre interior.
- Afirme que você deseja que o processo continue.
- É um período para você ficar quieto e comunicar-se com Deus.
- Na calma, você talvez queira perguntar o nome de seu Eu Sou Presença.
- No segundo dia, você pode descobrir que está com dor na área dos rins, na parte inferior da coluna e/ou nas coxas.

- Estar sem líquidos para fazer os rins funcionarem pode causar um certo mal estar ou dor de cabeça. As toxinas que foram liberadas no corpo ainda não foram eliminadas – isso requer tempo.
- Você pode descobrir que está urinando muito e pode haver uma sensação de queimação durante algum tempo.
- Não se preocupe com seus intestinos por eles não se esvaziarem com a rapidez com que você acha que eles deviam trabalhar.
- Você pode sentir o corpo fraco e trêmulo e, por isso, ponha um banquinho embaixo do chuveiro para se apoiar. Se for necessário, peça a seu acompanhante para ajudá-lo. Pode usar a banheira, se preferir.
- Quando precisar usar a salsaparrilha, encha a boca, lave-a por dentro e depois cuspa no balde.
- Mastigar gelo e depois cuspi-lo é outra opção – não se permite nenhuma outra forma de aliviar a sede.
- Não se deve engolir nenhum tipo de líquido.
- A boca pode ficar grossa com as toxinas acumuladas, ou dar a sensação de estar inchada; continue a enxagüá-la. Escove os dentes normalmente.

O Terceiro Dia

- Ficar quieto é a ordem do dia!
- Em algum momento dessa noite, o Espírito*** vai se retirar durante algum tempo, esperando até seu corpo estar pronto para ele reentrar com sua grandeza.
- Reafirme seu desejo de que o Espírito se retire***essa noite e o processo continue.

*** A idéia da "saída do Espírito"diz respeito à fusão do campo energético do corpo espiritual com o campo daquela vibração mais requintada do Eu Superior. Todos os corpos energéticos são mantidos dentro do campo da Presença Eu Sou que está sempre conosco; é a nossa essência e guia divinamente todo esse processo.

- Você pode pedir para perceber quando seu Espírito se retirou.***

Na Manhã do Quarto Dia

- O mais provável é que o Espírito tenha se retirado durante seu sono.
- Você talvez se sinta diferente. Quando o Espírito saiu de seu corpo, todos os sentimentos e todo o amor também foram embora e, por isso, você pode se sentir vazio.
- Por meio de sua própria sintonização ou pelo contato com seu orientador, se você preferir, verifique se o Espírito se retirou.
- Seu Eu Divino e Aqueles Que Ascenderam vão começar a trabalhar imediatamente depois que o Espírito se retira, para evitar o início do "processo de morte". Devem ter começado seu trabalho dias – talvez semanas – antes, mas não terão feito nada que não possa ser revertido caso você mude de idéia antes desse momento. Durante esses quatro dias, eles trabalham com os campos energéticos de todos os seus corpos, alterando seu sistema para usar a energia luminosa e aumentar a freqüência das vibrações de seu corpo.

Do Quarto ao Sétimo Dias

- A partir do quarto dia, até o sétimo, ainda não é permitido tomar líquidos.
- Quando se toma algum líquido, o trabalho de sintonização é interrompido e só é retomado 24 horas depois de sua ingestão (atrasando seu processo). Uma "gota" etérica é inserida na região das costas perto dos rins, de modo que não há necessidade de se preocupar com a falta de líquidos.
- Continuar quieto ainda é a ordem do dia!
- Você vai precisar perceber as necessidades de seu corpo durante esses quatro dias.

- Sugerimos que você se mantenha em repouso e imóvel em três períodos ao longo do dia.
- Escolha as horas e siga o que você estabeleceu. Sugerimos 10:00 da manhã, 1:00 da tarde e 4:00 da tarde.
- O processo de realinhamento dura aproximadamente 2 horas de cada vez.
- Você talvez sinta parte desse processo de realinhamento.
- Você vai saber instintivamente quando se virar, quando ficar imóvel ou ir ao banheiro, etc.
- Você pode se sentir zonzo ou pesado.
- O mais importante de tudo é ficar quieto durante esse período – você pode pensar que não está acontecendo nada. No entanto, se você ficar quieto, vai perceber. Pode ser muito sutil.
- Seu Eu Divino o está guiando. Você está em segurança e protegido.
- Tudo quanto precisa fazer é entregar-se ao processo.
- Você talvez queira conversar com os anjos enquanto eles lhe dão assistência.
- Você pode tomar um banho de banheira ou de chuveiro, se quiser.
- Você pode ter o que chamam de "aumento etérico de temperatura", sentindo muito calor. É um sinal de que está tudo indo bem. Você pode se sentir tentado a tomar um chuveiro frio ou pular na piscina; não faça isso – resista. Ambas são medidas muito drásticas para o corpo nesse momento. Para diminuir o calor, pegue um pedaço de gelo ou enrole cubos de gelo numa toalha de prato e coloque-a na nuca – esse é um centro que vai ser sensível e que vai refrescar você.
- Durante esses dias, você pode sentir muita sede mesmo. Portanto, preste atenção, resista à tentação porque, se tomar líquidos, só vai prolongar o processo e adiar sua primeira bebida no sétimo dia.

- Como você se encontra mais no espaço mental, seus pensamentos podem ser muito aleatórios e difusos, com muito raciocínio e nenhum sentimento. Procure aquietar a mente e meditar para obter paz de espírito.
- Você pode estar muito irritável, as idiossincrasias que você tiver podem vir à tona e você precisa estar alerta e pacificar a mente.

No Sétimo Dia

- Por meio de sua sintonização interior ou de seu orientador, pergunte quando você pode tomar sua primeira bebida – em geral, nesse dia, é mais no fim da tarde ou à noite. É permitido um suco (ou você talvez prefira água, ou não tenha vontade de beber nada. Use seu discernimento e siga as orientações recebidas – Jasmuheen).
- Esse suco pode ter uma concentração de 25%. Deve estar à temperatura ambiente, fresco. Deve ser em pequena quantidade. Uma hora depois você pode tomar outro copinho de suco.
- Lembre-se que seu corpo não ingeriu nada durante 7 dias... portanto, beba devagar.
- Você vai receber instruções específicas na hora em que for tomar sua bebida.

Do Oitavo ao Décimo Quarto Dia

- Ficar quieto ainda faz parte de sua rotina diária.
- Converse com os anjos para que eles o ajudem em sua cura. Alegre-se. Logo estará se sentindo maravilhosamente bem.
- A partir de agora, você pode tomar suco de frutas diluído.
- É aconselhável beber mais de 1,5 litros por dia durante esse período de uma semana, a menos que seja enfaticamente orientado em contrário.

- Por favor, entenda que você passou por um grande realinhamento energético - portanto, repouse.
- Agora vem o processo de cura. Ele vai durar os próximos sete dias e a instrução acima deve ser seguida rigorosamente todas as vezes.
- Comida é algo que deixou de fazer parte de sua realidade porque sua realidade não é mais o que era.
- Se for bombardeado com projeções mentais provenientes de uma fonte externa (que é negativa), você precisa encontrar uma forma de ocupar a mente com algo mais tranqüilizador. Sua mente lógica e seu ego/personalidade podem ficar descontrolados nesse momento. Você está em total segurança - quanto a isso não há dúvida. Portanto, por favor, não dê absolutamente nenhum crédito à negatividade.
- Essa é a semana da cura - um período belíssimo. Desfrute dele e repouse.
- Você pode ser comparado a um inválido; portanto, aceite a situação e comporte-se de acordo.
- Você talvez durma muito.
- Você pode se sentir com mais espaço.
- Pode continuar a sentir mal-estar físico.
- A experiência de cada um é única.
- Mas você também pode se sentir com muita energia; não use essa energia, reserve-a para a cura.
- Algumas pessoas chegaram à conclusão de que não estavam repousando o suficiente e começaram a se sentir doentes ou a ter um desconforto qualquer - um sinal de que o espírito quer que você fique quieto.
- Você talvez goste de um banho nesse momento.
- Repouse, leia e passe esses dias aproximando-se de seu Eu Divino.

Do Décimo Quinto ao Vigésimo Primeiro Dia

- Essa é uma semana de integração. A cura está chegando ao fim. As energias superiores da faixa energética seguinte da consciência - uma faixa mais requintada - de seu Eu Superior ou de seu EU SOU Presença - vão começar a entrar no corpo vazio, um pouco mais cada dia.
- Você vai começar a se sentir mais forte.
- Pergunte: qual é meu papel, o sentido de minha vida? O que vim fazer aqui?
- Você talvez possa assistir um vídeo de vez em quando. Mas precisam ser vídeos que façam você se sentir bem.
- Suco de fruta com 40% de concentração é tudo quanto é permitido - nenhuma sopa ou leite são permitidos.
- Aceite cada dia tal como ele vem e continue vivendo o momento presente.

O Vigésimo Primeiro Dia

- Se você está passando pelo processo sozinho, pergunte a seu mestre interior, ou faça contato com seu orientador, para confirmar que você terá terminado à meia-noite desse dia (note, por favor, que o uso de meia-noite não tem nada a ver com "hora mágica", como entendeu uma querida senhora francesa - significa apenas o fim do dia).

As Mudanças Depois do Processo de 21 dias

Você já deve ter notado seu desprendimento. Pode sentir-se comum ou extraordinário. Pode estar com uma sensibilidade exacerbada para os cheiros, sabores e toques. Os dentes podem estar sensíveis. Você pode ter algumas sensações de dor pelo corpo... saiba que a cura ainda está em andamento.

A essa altura, não é raro as pessoas se perguntarem se houve alguma mudança ou, se houve, não as percebem. As mudanças são sutis, mas sua sensação de leveza e bem-estar serão evidentes. Eu própria notei só pequenas mudanças e, à medida que o tempo foi passando, percebi que mais coisas estavam mudando. Meu andar estava diferente (meus pés estavam mais alinhados, em vez de se virarem para fora) e eu estava mais alta e mais ereta. Meu sentimento genuíno de ligação e uma sensação intensa de ser uma só com Deus levou alguns meses para se concretizar. Tenha paciência consigo mesmo, tenha amor por sua viagem e, acima de tudo, usufrua do que está acontecendo!

A Liberdade Autêntica é Permanente

Agora que você completou o processo de 21 dias, está fora do alcance de suas crenças antigas. Viver com as crenças antigas ao mesmo tempo em que procura acreditar em Deus pode ser difícil. Você não vai conseguir conviver com sistemas de crenças conflitantes. É bom lembrar que o processo é realmente o início do resto de sua vida - portanto, acolha o novo "você". Renascer é liberar-se do passado e colocar o futuro nas mãos de Deus.

A partir de agora você não tem nenhuma necessidade física ou nutricional de comida ou bebida. Seja o que for que você decidir beber, é importante não dar um poder adicional ao ego/mente superficial. Por exemplo: algumas pessoas foram tentadas, por causa do velho condicionamento, a acrescentar uma banana amassada a um copo de leite. O ego vai justificar dizendo que você precisa da banana por causa da fibra, ou do potássio. Ao escolher suas bebidas, algumas pessoas acham que estas precisam ser naturais, puras e saudáveis. Você não precisa mais escolher uma bebida baseado em seu valor nutritivo.

Seu desejo de comer ou beber não tem origem física; vem de uma fonte mental ou emocional. Preste atenção, pois, se esse desejo se manifesta, você pode muito bem querer matá-lo com uma bebida. Não há problema nenhum e sugerimos que você seja uma testemunha do que está fazendo. Sendo um espectador dessas sensações ou pensamentos, você em geral obtém *insights* e cresce. A mudança vai se dar com o passar do tempo. Mas é possível que suas papilas gustativas desejem certos sabores. Isso também vai mudar com o tempo.

Seja gentil consigo mesmo. Você não tem de ser uma pessoa orgulhosa porque não come nem bebe. Alguns só bebem água ou chás de ervas porque é considerado saudável. Parte das tentativas de auto-sabotagem do ego é fazer você acreditar que existem regras fixas, um sistema de normas a respeito de bebidas, ou uma forma particular a ser seguida. Nenhum tipo de bebida que você quiser tomar é problema.

Resolva o que beber sem perder a alegria de viver. Se você tiver vontade de tomar café, tome. Se quiser beber água, beba. E, se quiser suco, vá em frente. Você pode determinar que tipo de líquido é bom para você pela forma como se sente quando o consome. Se for pesado demais, você vai saber, com toda a certeza. Ir em busca de Luz e Amor e curtir nossa própria pessoa é nossa primeira preocupação. Há uma linha tênue entre negar a si mesmo e o exercício da autodisciplina. Você precisa descobrir o equilíbrio para não se sentir privado.

Não se julgue de maneira rigorosa demais sobre o que é certo e o que é errado sobre o consumo de líquidos. Depois do processo, algumas pessoas ficam muito autodisciplinadas e não procuram distrações tendo de beber alguma coisa. Outras descobrem que precisam beber mais e precisam se dar prazeres para se sentir bem. Cada pessoa é única - evidentemente - e cada uma está num estágio diferente da viagem. Estamos aqui para curtir nosso desenvolvimento, portanto, aproveite e seja bom consigo e com os outros.

Socialmente, não há motivo algum para não estar presente na hora do almoço e do jantar de outras pessoas. Por exemplo: você pode pedir uma tigela de sopa leve e uma bebida sem chamar atenção sobre si e sem parecer diferente. Assim que você estiver à vontade e aceitar sua nova maneira de ser, os outros não vão sequer notar ou se preocupar com o que você está comendo. Descobrimos que nossas atividades sociais e nossos negócios giram em torno de refeições em restaurantes, lanchonetes etc., costumam ser mais fáceis. Como prestávamos atenção na saúde e nos preocupávamos com coisas como açúcar branco ou mascavo, boa qualidade e frescor dos alimentos, quantidades de conservantes, etc., descobrimos agora que podemos ficar mais relaxados e aproveitar melhor a vida.

Você agora está num ponto em que tem condições de entrar dentro de si e pedir para que todas as suas necessidades sejam atendidas. Durante os últimos 21 dias, sugerimos que você tivesse confiança para conseguir cura e saúde totais. Talvez seja preciso algum tempo antes de seu corpo estar perfeitamente alinhado; permita que esse processo continue sem interferência externa. Você é mais que capaz de curar a si mesmo. Para chegar a seu nível ótimo e a um estado de saúde plena, você não precisa de tratamento dos outros, quer dizer, de médicos. Seu peso e sua saúde perfeitos se manifestarão automaticamente.

Uma nota final

Você deve pedir todo o apoio do qual acha que precisa. Enquanto está descobrindo sua própria sabedoria e clareza, pode ser muito bom falar com alguém, talvez a pessoa que o acompanhou durante o processo, ou outra que conheça o caminho que você escolheu. Ninguém sabe mais nem tem mais *insights* do que você. No entanto, ao conversar com alguém sua própria clareza torna-se aparente. Muitas vezes, ao fazer uma pergunta, você percebe que também tem a resposta! Você será bem recebido ao procurar por nós, pois estamos prontos a partilhar nossas experiências.

Com muito amor,

Charmaine Harley

e, por favor, desfrute dos milagres.

Quando alguém prefere Deus à Ilusão – o efeito sobre a humanidade e sobre o planeta é incomensurável, e o poder curativo é tremendo. Toda vez que um ser eleva seu nível de vibração, o efeito cria ondas até o extremo mais longínquo do Universo.

Nota de Jasmuheen:

Em relação aos comentários de Charmaine sobre bebidas "porcaria" e coisas do gênero, que alguns "puristas" tendem a questionar: eu gostaria de dizer aqui que, antes do processo, eu era viciada em espirulina e vitaminas. Percebi que uma parte muito grande dessa viagem diz respeito à fé. Que completar o processo e ainda ter de tomar vitaminas ou somente bebidas "saudáveis" era não confiar que as forças da luz realizassem sua tarefa e me sustentassem. O grande salto da fé! Por isso pensei que, se eu acreditava que toda a minha alimentação, vitaminas, todo o meu sustento vinha realmente da Luz – e depois vivenciei os benefícios dessa fé mantendo um corpo saudável – eu poderia tomar qualquer porcaria que me desse vontade de tomar, pois estaria me permitindo isso exclusivamente por causa da questão do sabor, e não por seu valor nutritivo. Comecei a trocar meu suco preferido de frutas por um *capuccino* eventual, ou por uma barra de chocolate de vez em quando, só porque tinha vontade de sentir o sabor de uma coisa doce.

Para mim, uma purista absoluta em matéria de alimentação durante uns 20 anos, o processo foi extremamente liberador! Viver de prana e depois estar livre para comer chocolate ou batata frita só pela graça da coisa, é o máximo! O verdadeiro dom do processo é a liberdade. A liberdade de escolha, liberdade em relação a crenças limitadoras, liberdade para permitir ao Divino dentro de nós nos sustentar em todos os planos, e não só em termos de alimentação. Pessoalmente, gostaria de recomendar que qualquer um que passe por esse processo mantenha-se na rota, sem ingerir nenhuma comida durante pelo menos 6 meses, ou até você ter provado a si mesmo, sem a menor sombra de dúvida, que o prana realmente o sustenta.

No entanto, como sempre, essa opção deve ser somente sua. Saiba que seu peso vai se estabilizar se você reprogramar suas crenças a respeito desse ponto, e saiba que seu nível de energia vai ficar muito elevado e você vai descobrir que precisa dormir muito menos do que antes. Esses são três sinais claríssimos de que você está sendo alimentado pelo prana.

Como esse processo diz respeito a uma fusão consciente com o Ser Interior Divino, use sempre o seu discernimento, confie sempre em sua própria orientação interior, pois você vai ser testado muitas e muitas vezes, e de muitas maneiras. O processo não é um caminho de "iluminação" garantida, nem um remédio instantâneo para qualquer problema que você tenha, é apenas mais um passo em sua viagem contínua de autodomínio.

Se você tem dúvidas sobre realizar ou não o processo, não o faça ainda. Peça ao Divino dentro de você para deixar muito óbvio que isso é parte de seu projeto de ser! Não é uma "moda", nem a última tendência "Nova Era". E repito, eu, pessoalmente, só recomendo que você entre nesse processo se sentir de maneira absolutamente clara que é o próximo passo para você, sem dúvidas, sem questionamentos, sem medo. Realizar o processo de 21 dias pode ser considerado uma coisa muito "radical" de se fazer mas, para alguém sintonizado com o Divino dentro de si, para o guerreiro ou para o iogue, costuma ser absolutamente natural, pois eles compreendem instintivamente as verdadeiras dádivas dessa viagem.

Se você for enfaticamente orientado a partir de dentro, peça ao Ser Interior Divino para preparar você muito bem em todos os níveis, de modo que você possa fluir através dos 21 dias com alegria, facilidade e elegância!

Recomendamos também que você complete os 21 dias da forma proposta aqui e, se não tiver três semanas para investir, não comece enquanto não as tiver. Já ouvi histórias de pessoas passando por grandes dificuldades depois do processo porque não permitiram que se completasse em 21 dias. Ouvi histórias de algumas pessoas que sentiram como se tivessem sido "possuídos por espíritos desencarnados" e assim por diante. Todas essas pessoas terminaram sua versão do processo em muito menos tempo, ou continuaram trabalhando durante o processo, o que, em minha opinião, não é realizar o processo; parece mais com fazer um jejum. A menos que a pessoa tenha um aprendizado cármico já predestinado nessa área, normalmente não há nenhum problema desse tipo – desde que tanto as diretrizes quanto o período de tempo que recomendamos sejam obedecidos. Os indivíduos devem ser responsáveis por essa viagem, pois estamos realmente velejando em "águas relativamente desconhecidas" mas, apesar disso, os benefícios globais referentes a uma solução possível para a fome mundial bem valem o esforço.

Portanto, se você se sentir atraído para fazer o processo de conversão de 21 dias, por favor, faça-o como indicamos nestas páginas e saiba que quanto melhor você se preparar antes, tanto mais fácil será. Isso não significa que não existem outros métodos, pois há muitos caminhos abertos e você sempre sabe quando algo está funcionando pelos seus frutos, como diria Jesus.

Capítulo 15

Outros Métodos

Para os que não estão sintonizados, ou talvez nem interessados no Paradigma da Ascensão, na criação de um espaço sagrado nem em entender a iniciação, há outras alternativas.

A idéia de viver da luz das forças cósmicas existe há eras incontáveis. Pessoalmente, não consigo separar essa possibilidade de sua base espiritual e considerá-la uma simples questão dietética; no entanto, do que pesquisei, concluí que outros tentam realmente vê-la assim. O programa que recomendam é bem simples.

Prepare-se primeiro como se você fosse realizar o processo de 21 dias. Seja bom e gentil com seu corpo. Recomendo-lhe que prepare seu corpo de uma forma reverente para garantir facilidade e prazer nesse processo de transição. Aconselho uma eliminação gradual da carne vermelha, depois da carne branca, depois que você passe para os alimentos crus, depois para sopas e líquidos e, em seguida, continue de acordo com a orientação que receber intuitivamente. Quanto tempo leva para passar da condição de consumidor de carne para alimentos crus e depois para líquidos depende de cada pessoa. Faça isso de uma forma que dê alegria e bem-estar. Seu corpo vai orientá-lo, se você o ouvir.

Se estiver trabalhando com seus guias ou com a intuição, o processo de 21 dias vai ser um processo de conversão muito rápido. Para aqueles que têm contato com um Mestre Que Ascendeu, as dádivas da viagem parecem miraculosas. Por outro lado, as pessoas que empreenderam o processo sem uma atitude de entrega e confiança totais viveram-no como uma luta sem nenhum sinal das dádivas e da graça que outros acharam tão avassaladoras.

Não consumir alimentos nem líquidos durante um período de sete dias pode ser um processo muito extremo e uma experiência desafiadora para um veículo despreparado ou dessintonizado. No entanto, quando a pessoa tem uma ligação muito forte com seu interior, essa iniciação pode ser alegre e sagrada.

Se você deseja acabar vivendo exclusivamente de prana, recomendamos que comece a seguir imediatamente as instruções que se seguem, pois elas colocarão o processo de conversão – de ser alimentado pelo prana – no seu devido lugar. Depois ouça seu corpo. Ele vai guiá-lo no sentido de começar intuitivamente e sem esforço a eliminar várias substâncias de sua dieta de maneira bem natural.

Evoque o elemental do seu corpo e dê suas ordens:

- Ordeno que, a partir desse momento, você absorva das forças prânicas todas as vitaminas, nutrientes e alimento necessários para manter o máximo de saúde física.

Você vai saber quando o processo de conversão está ocorrendo porque seu peso vai se estabilizar e seus níveis energéticos serão elevados, e você vai descobrir que precisa de menos sono.

Capítulo 16

Potencial Futuro – A Fome Mundial

Conforme escrevi no Prefácio, "Os Mestres Ascensos - com os quais me comunico telepaticamente - dão-me visões de um mundo sem fome, sem um mercado de gêneros alimentícios e sem agricultura, exceto o cultivo praticado em nome da beleza, não da necessidade. Imagine quantos bilhões de dólares poderiam ser desviados para outras coisas se todos acreditassem que podem ser alimentados exclusivamente pela Substância Universal, pela Luz de Deus?"

Um número cada vez maior de pessoas estão tomando consciência e adquirindo um conhecimento profundo de que aquilo em que nos concentramos acaba por se manifestar. Reconhecer o poder criador da mente é o verdadeiro potencial da humanidade. Reconhecer o poder criador do pensamento e depois disciplinar-se o bastante para concentrar-se apenas no que é mais elevado tanto para o indivíduo quanto para as massas é ajudar a criar o futuro da humanidade. Isso requer o casamento de coração e mente, onde "A verdadeira inteligência é a capacidade da mente respeitar a sabedoria do coração." Emmanual, *The Choice of Love, Book 11 [A Opção de Amar, Livro 11].*

Entenda que, se continuarmos concentrados em nossas formas de pensamento, na mídia e na atenção à fome mundial ao mesmo tempo em que afirmamos a crença obsoleta de que "se não comer, você morre", as massas famintas morrerão.

Entenda que, se continuarmos concentrados em nossas formas de pensamento, na mídia e na atenção em afirmar a crença obsoleta de que "se não comer, você morre", os anoréxicos morrerão (o problema da anorexia deve ser enfrentado de duas maneiras. A "falta de auto-estima" - as questões emocionais que são a sua causa - precisa ser tratada, bem como os sistemas de crenças mencionados anteriormente).

Entenda que, se nós enquanto massas continuarmos concentrados em nossas formas de pensamento, na mídia e na atenção em afirmar crenças obsoletas como "todos que nascem vão morrer", todos os que nascem vão morrer naturalmente.

Reserve somente alguns momentos, ou horas, para a contemplação e pense:

- Quanto tempo você passa preparando comida?
- Quanto tempo e dinheiro você passa fazendo compras em supermercados superlotados?
- Que proporção de sua renda é gasta em comida e na vida social que gira em torno dela?
- Que quantidade de energia e recursos de todas as nações está concentrada no cultivo e produção de comida?

Imagine...

- Um mundo sem matadouros (os vegetarianos e os que lutam pelos direitos dos animais adorariam!)
- Um mundo sem criação de animais, sem pastos em terras férteis, que acabariam sendo mortos
- Um mundo sem fazendas e pastos utilizados para a produção de alimentos
- Um mundo sem McDonalds e "fast foods" (sem dúvida um pensamento horrível para alguns)

Imagine...

- Um mundo sem crianças famintas – a cada segundo em algum lugar do planeta uma criança morre de fome e má nutricão
- Um mundo sem adolescentes anoréxicos

- Um mundo sem pobreza, uma vez que os bilhões de dólares que gastamos com comida poderiam ser investidos em mudança social e igualdade no modo de vida, o que resultaria em menos crimes, na ausência de guetos e de necessidade de previdência social.

Imagine...

- Um planeta unido para o bem de todos, já que viver de luz é motivado por um despertar espiritual rumo a um estado de ser mais consciente e mais harmonioso, ou é resultado dele.
- A mudança vem do fato de as pessoas estarem abertas a novas idéias, de ousarem ser diferentes, elevando-se acima da mediocridade.
- Há uma forma melhor de ser, uma forma mais completa. É uma forma de ser que assume todo o nosso potencial, onde a telepatia é normal, onde ser sustentado pela Luz é normal e a imortalidade física é normal.
- Esse é o futuro de nosso planeta. Alguém tem de preparar o terreno adotando essas idéias como realidade e depois vivendo-as.

Nota de rodapé - outubro de 1997:

Está na hora de irmos além das palavras e dos lugares comuns e demonstrar nosso controle à medida que começamos pragmaticamente a ressintonizar os vários sistemas de nosso planeta. Essa é a plataforma do MSPD (Movimento por uma Sociedade Positiva e Desperta): reeducação e refinamento dos sistemas existentes de uma forma que leve ao bem do todo.

Ao introduzir a idéia e o método da sintonia fina, é nossa intenção ajudar a acabar com a fome mundial por meio da alimentação prânica, que também vai beneficiar o meio ambiente e criar um futuro mais estável para o planeta.

Muitos comentam que esse é um projeto colossal para nós implementarmos; mas vivemos numa sociedade com incrível capacidade tecnológica. Uma das maiores forças da mudança é a mídia. Se o poder da mídia fosse usado de maneira positiva – com integridade e com o desejo de respeitar a inteligência de seu público – grandes mudanças poderiam ocorrer globalmente em muito pouco tempo.

Para mim, pessoalmente, um dos maiores desafios que há é conseguir superar a descrença inicial e o aspecto sensacionalista da mídia, para podermos fazer algumas reportagens em profundidade sobre essa "nova possibilidade" enquanto uma solução prática para a fome mundial.

CAPÍTULO 17

Paradigmas

Texto de Kuthumi, um Mestre Ascenso –
através de Jasmuheen – 02/09/96

Então meus caros amigos da luz, vocês se reuniram essa noite como seixos numa praia. Vocês vieram sob muitas formas, com muitas maneiras diferentes de entender as coisas, não é? Vocês foram todos lavados ao mesmo tempo por uma onda de energia nessa reunião, como a maré que cria ondas numa praia. Essa maré, essa corrente de energia, é simplesmente a aplicação de uma das leis que governam seu *continuum* de espaço-tempo, uma das leis que governam a formação da vida, da matéria e da energia nesse quadrante do universo a que vocês dão o nome de Planeta Terra.

Quando interpretamos a luz que se irradia do centro de seu coração, vemos que ela vem de vários ângulos e sai em vários ângulos diferentes. Pois vocês estão se desenvolvendo e reunindo informações que estão ajudando em seu desenvolvimento pessoal, em sua compreensão pessoal. O centro de seus corações pode ser comparado a uma porta atrás da qual talvez sempre tenha existido um quarto escuro. Mas, quando essa porta se abre, ela deixa passar a luz vinda de outro quarto onde todas as luzes estão acesas. Alguns de vocês estão procurando a porta. Outros já a encontraram e ela está ligeiramente entreaberta. Para outros ainda, a porta está aberta e a luz que vem lá de dentro brilha como uma fogueira.

Como já dissemos tantas vezes, a humanidade está evoluindo de acordo com um Projeto Divino. Cada um de vocês tem um papel específico a desempenhar na realização desse projeto. As informações gravitam em torno de seu ser numa relação direta com os sinais energéticos que vocês emitem. Pois vocês estão sempre emitindo sinais, quer tenham ou não consciência do fato. E tudo quanto está em sua vida, dentro de seu campo gravitacional, está lá em resposta a um sinal que vocês emitiram.

A energia e a percepção de Kuthumi, um dos mestres ascensos, é um vasto ponto de consciência. Um dos papéis que essa consciência assumiu, a ser desempenhado no plano físico, é o de Mestre do Mundo. A razão pela qual nós (os Mestres Ascensos) e a consciência de Kuthumi viemos à reunião dessa noite foi para falar de um jogo que está sendo jogado em seu planeta, foi para falar da criação de uma trindade de paradigmas.

Há três paradigmas que estão sendo propostos no microcosmo de seu grupo. E seu grupo, meus caros, é apenas um microcosmo do macrocosmo que está sendo proposto no palco do mundo. Pois a essência do que vocês são, em seus vários níveis de desenvolvimento, pode ser espelhada no mundo de hoje, não pode?

O primeiro paradigma é a criação de uma realidade pessoal que lhes permite, como já dissemos antes, viver sua vida como indivíduos realizando o máximo de seu potencial. Deixar de girar em torno de um cilindro, ou talvez dois ou três, em torno do qual todos vocês sentem que estão girando, talvez não corresponda a um estado físico, emocional ou mental, mas ao entendimento de que vocês têm outro aspecto – seu Eu Divino. É dar um comando para que o eu esteja plenamente presente na realidade que vocês vivem acordados de uma forma que faz seu coração cantar. Depois de criar um paradigma que lhes permita expressar plenamente sua natureza divina nesse plano de uma maneira que os mantenha alegres e apaixonados, vivendo a vida com o máximo de seu potencial, vocês vão descobrir que estão gravitando em torno do que chamamos de paradigma global.

Um paradigma global é uma configuração energética onde os seres humanos gravitam juntos e formam uma orquestra, em vez de serem instrumentos individuais, são parte da consciência coletiva que constitui a orquestra divina. Esse paradigma global vai se manifestar no plano físico de acordo com sua visão enquanto totalidade coletiva. Esse segundo paradigma vai se manifestar em seus sistemas político, educacional, social e econômico. Existem seres entre vocês que estão trabalhando conscientemente na implementação de um paradigma global que vai permitir que o novo milênio, a Idade de Ouro que foi prevista, torne-se uma realidade física em seu plano, e não apenas um sonho perseguido por uns poucos de uma forma melhor de ser. Vocês sentem as mudanças entre vocês na aceleração do tempo, não é? É porque a vibração está mudando muito depressa à medida que vocês soltam os grilhões que prendem as forças divinas dentro de seu ser.

Entre vocês, um número crescente está procurando a porta interior e permitindo que a luz de seu Eu Divino se manifeste integralmente no plano de sua realidade física, e é isso que está acelerando as mudanças. Pois o Eu Divino vive dentro de um paradigma de simultaneidade temporal, onde não há separação entre passado, presente e futuro, onde a freqüência da vibração da energia eletromagnética se dá com tanta força e poder criador que não há separação de tempo linear.

Portanto, é o seu coração que está permitindo que essas energias fluam através das portas interiores e criem grandes mudanças pessoais antes de entrarem no paradigma global.

Quantos de vocês aqui presentes estão trabalhando no terceiro paradigma da criação? Esse é o terceiro elemento da trindade que está sendo revelado agora, é o paradigma da comunhão universal. É a preparação da humanidade para entender que existem outras formas de vida presentes em outras faixas de energia, em outras galáxias, em outros planetas. É por isso que as informações referentes a outras formas de vida, à inteligência extraterrestre, estão sendo liberadas agora e entrando em seu plano de compreensão.

Por conseguinte, existem simultaneamente três paradigmas em interação constante que estão sendo vividos. O grau do despertar de cada indivíduo depende de qual paradigma está sendo ativado num certo momento. Muitos de vocês puseram o paradigma pessoal no lugar certo. Muitos passaram à atividade de implementação de um paradigma global. E agora vocês estão começando a trabalhar para preparar o resto de seus irmãos e irmãs para as informações que estão chegando de que fazem parte também de uma totalidade universal.

É interessante interpretar as energias da humanidade pois, no processo de despertar, há alguns que acham que tudo quanto há na vida é sua realidade tridimensional. Estão operando a partir do feixe de energia da mente inferior – estão presos nas questões de sobrevivência, trabalho, procriação e continuidade da espécie nesse plano – e no corpo emocional inferior.

Existem aqueles que agora conseguiram um gancho com a mente superior – aquele aspecto de seu ser que é genuinamente divino, que estão procurando respostas para perguntas do tipo "Por quê estamos encarnados?", isto é, estão procurando trabalhar de forma coesa como consciência coletiva para criar um plano de experiência físico em todo o globo, estão trabalhando com consciência para o bem do todo. Essa é a força propulsora da mente superior – trabalhar coletivamente de modo que, quando a humanidade que está nesse plano alcançar um certo ponto do despertar e do compreender, vocês possam ocupar seu devido lugar no paradigma universal.

Esse paradigma universal, meus caros – e falamos para aqueles entre vocês aqui presentes para quem essa compreensão talvez seja ainda um pouco forçada – esse paradigma universal vê seu Planeta Terra e a humanidade que a habita como uma peça de um quebra-cabeça gigantesco, uma peça de uma miríade de expressões de formas de vida de todas as dimensões do tempo e do espaço, criadas pela Força em sua experiência de expansão e contração.

O que é conhecido por muitos como a "inspiração" e a "expiração" de Deus. Os físicos quânticos dizem que se trata de um campo de energia unificado que se expande e se contrai continuamente. É um movimento fluido de consciência, com o qual vocês estão interconectados e do qual fazem parte. 1% de seu ser reside no corpo físico. Apesar disso, para muitos, 100% da percepção diz que tudo quanto vocês são é esse 1%. Quando vocês abrem as portas que levam aos reinos superiores através do centro de seu coração e permitem que o aspecto superior de vocês se expresse no plano físico, é aí que a magia tem início, é aí que vocês se sentem realizados como seres humanos – pois é aí que vocês começam a assumir todo o seu potencial enquanto Centelhas Divinas de consciência.

À medida que vocês pesquisam e compreendem as leis da criação, que compreendem que todos os planos do ser são correntes fluidas de consciência, que são vocês mesmos que criam sua realidade através daquilo em que optam por se concentrar, aí vocês começam a criar conscientemente os paradigmas pessoal, global e universal que trabalham harmoniosamente e em alinhamento para o bem do todo nesse plano.

É um jogo simples e ao qual muitos estão sendo chamados a participar, quando o coração lhes diz qual é a coisa certa a fazer. Pois o coração é a porta. É o coração que tem a verdadeira inteligência e é o elo de ligação entre a mente superior e a inferior. É a porta que dá acesso aos 4/5 restantes de seu cérebro que vocês estão sendo chamados a ativar e utilizar, para poderem ser criaturas completas operando com todos os seus neurônios.

Vocês podem participar do jogo do sofrimento e da carência, se lhes der satisfação. Mas todos vocês aqui presentes, e aqueles que estão trabalhando conscientemente com a realidade dos Mestres Ascensos, chegaram à conclusão de que já houve sofrimento demais tanto nesta encarnação quanto nas anteriores. E que quando alguém desperta para a glória do Ser Interior Divino, cessa a necessidade de sofrimento. Pois a verdadeira natureza da divindade, o Deus interior, é um ser que conhece amor e felicidade infinitos, ilimitados – e essa é a qualidade, a essência que Ele traz consigo quando se manifesta em sua vida nesse plano.

Ao interpretar a energia das pessoas aqui presentes, sentimos que há necessidade de informações para cada um de vocês criar a ponte perfeita – a ponte que leva à porta interior. Todos aqui estão em busca de mais informações, não estão?

Entendam, meus caros, que seu ser físico é apenas uma massa de memória celular e, como tal, vocês têm dentro de si bancos de dados que podem ser comparados a arquivos de computador que guardam todo o conhecimento de suas encarnações passadas – como também de sua encarnação presente e das futuras – de modo que, se houver alguma coisa que vocês estejam procurando, saibam que as informações estão guardadas dentro de vocês. E, se vocês ordenarem que essas informações lhes sejam reveladas, elas serão reveladas.

Passamos uma série de programações que permitem àqueles que as utilizam estar em alinhamento com a Vontade Divina e respeitar os contratos feitos com o Ser Divino. Pois todo ser aqui presente assinou um contrato com a Força Criadora antes de encarnar nesse plano. Esse contrato é como um papel que vocês concordam em desempenhar num certo ponto do desenvolvimento da Terra – para realmente fazer parte de uma totalidade maior, para ter um lugar na orquestra, onde você toca divina e perfeitamente bem depois de descobrir qual é o seu instrumento e que música está sendo tocada.

Quando você está procurando descobrir qual é a próxima peça de seu projeto, sabendo que programou estar em alinhamento com a Vontade Divina, talvez queira saber apenas que a próxima peça perfeita do Projeto Divino vai se revelar claramente a você agora e que trará consigo os indivíduos perfeitos que lhe permitirão manifestar essa peça agora na realidade física do projeto. Esse programa e instruções, meus caros, que vocês dão às forças universais, vão permitir que essa peça lhes seja revelada claramente, pois vocês as instruíram e elas trarão os outros seres que vão auxiliar na manifestação.

Todos vocês sabem que estão trabalhando em três níveis, como consciência coletiva para ancorar o projeto da Idade de Ouro. Pois é um paradigma colossal a ser ancorado e criado, não é? É um paradigma muito grande para implementar na realidade física, para cruzar as fronteiras e unificar suas estruturas sociais, políticas, econômicas e educacionais.

Esse ancoramento do paradigma global é a criação do décimo segundo plano de seu corpo luminoso. As pessoas aqui presentes estão ativando vários níveis da criação do corpo de luz dentro de si, tornando-se conscientes do que já está dentro de si. É como entrar numa mansão que está às escuras e, quando vocês acendem a luz, que é a porta interior, e abrem essa porta, vocês fazem com que haja fornecimento de energia. Mas vocês precisam entrar em todos os quartos da mansão e ligar sistematicamente todas as luzes. É assim que se ativa seu corpo de luz, pois tudo já está presente, só que vocês não viram antes. Quando vocês acendem a luz interior, ela se revela.

Alguns dos presentes abriram a porta e ligaram a luz que vai revelar o que está no *foyer*, nos corredores. Outros ligaram as luzes da sala de visitas, ou da cozinha, ou dos quartos etc. Quando o décimo segundo plano é ancorado, ele é ancorado por aqueles que entraram na mansão interior e ligaram todas as suas lâmpadas. Faz sentido, não faz? Portanto, tornaram-se um feixe de luz para o novo paradigma global.

Depois que o paradigma pessoal está ancorado e todas as luzes acesas, depois que você já se tornou um ser desperto, que despertou para a glória do Ser Interior Divino e reconheceu que já ascendeu, aí vai saber também que você é um mestre que desceu e agora está ancorando um paradigma global como parte de seu contrato anterior com o Ser Divino. Depois que as luzes estão acesas, vão funcionar como um farol, como um feixe de luz para outros seres que ainda estão procurando criar um paradigma pessoal potente.

Portanto, meus caros, o paradigma global deve manifestar-se fisicamente. Muitos de vocês estão ouvindo o chamado agora, não estão? Para se reunir, para formar redes, para criar fisicamente nesse plano para o bem do todo. E também para trazer as informações. Para ter o orgulho, a coragem de fazer essas coisas em face do ridículo. Pois as massas, meus caros, ainda não encontraram a porta que leva à mansão interior, para não falar de acender as luzes de todos os cômodos que existem ali e descobrir a magia, a verdadeira divindade e consciência que essa descoberta traz consigo.

Para se desenvolver mais ainda e falar de um paradigma universal de irmãos e irmãs do espaço sideral, de inteligência extraterrestre, de seres de amor e luz, de receber o convite para a humanidade tornar-se parte da Federação Intergalática dos Mundos (o órgão da consciência que governa outros paradigmas de todos os planetas dos outros campos de energia). Isso, meus caros, requer coragem.

E muitos aqui ainda não desejam conscientemente falar de um paradigma universal, mas haverá um momento num futuro próximo em que todas essas coisas serão discutidas livre e coletivamente. Essa informação está sendo transmitida por sua mídia, não está? Plantada, por assim dizer, pela consciência superior. No entanto, em resposta ao chamado de dentro dos corações dos seres despertos, está na hora de colocar a bola em campo, meus caros.

Como já dissemos, temos todo o tempo do mundo, mas não há tempo a perder. Está na hora de mergulhar no centro de seu coração, de encontrar as portas interiores. Compreender que vocês são vastos seres multidimensionais. Descobrir que 99% de vocês talvez ainda não tenham sido revelados a vocês inteiramente nesse plano físico. Pois sua missão é estar aqui, mas para serem ilimitados. Não é um momento como o que partilhamos, de iluminação pessoal e abandono desse plano. É um momento de ser pessoalmente iluminado e depois iluminar o globo, acender todas as luzes de todos os corações, de todos os quartos, de todas as mansões interiores de toda a humanidade que continua na encarnação física nesse momento de agora, em seu planeta, na história de seu planeta.

Portanto, meus caros, vocês podem achar que tudo isso é absurdo, e alguns dos presentes se perguntaram se não é mesmo. Apesar disso, vocês resolveram ouvir com o coração, estar abertos para explorar esses outros paradigmas, entender que há outras realidades que muitos estão optando por explorar. E essa exploração está dando grandes frutos em seu mundo físico.

Está trazendo o dom da telepatia, o dom da clarividência, de ser capaz de perceber energias e de entrar em outras dimensões. Está trazendo a capacidade de vocês se curarem a si mesmos e aos outros, de se sintonizarem com a pulsação do Deus Criador Pai/Mãe tal como ela emana do centro dos corações de todas as formas e expressões de vida nesse plano. Também traz consigo o dom da magia.

Escolham, meus caros. A escolha é viver na luz do divino EU SOU e dominar a grande magia e ser ilimitado, ou continuar no reino do medo, da dúvida e da incerteza. Sempre é possível fazer essa escolha, meus caros, pois todos os paradigmas existem dentro da realidade física da dualidade desse plano.

CAPÍTULO 18

Programação – O Poder da Mente

Fui orientada no sentido de incluir este capítulo porque um dos dons mais poderosos que me deu a passagem pelo processo foi a compreensão da necessidade de desprogramar a memória celular e reprogramar-nos para o autodomínio do ilimitado.

Como passei a entender, o corpo humano é um biocomputador, os pensamentos são o programa, a vida é o resultado dos dois. Mude o *software*, reescreva ou modifique o programa que você muda sua vida. Simples assim.

Segue-se um artigo que escrevi para a revista *Silver Cord* e depois reformulei e ampliei para *The ELRAANIS Voice* a fim de incluir algumas ferramentas adicionais de programação. Devido ao grande sucesso relatado por muitos que utilizaram essa informação, resolvi incluí-lo aqui para você curtir e por causa do poder positivo de transformação que ela vai introduzir em sua vida se for utilizada.

Depois de terminar meu segundo livro, *The Art of Resonance*, a orientação interior que recebi foi de que devia parar de ler. Talvez pelo fato do projeto ter resultado numa concentração intensa de mais de 6 meses enquanto eu costurava o material pesquisado em bem mais de 40 textos lidos antes. Minha intenção era apresentar um manual fácil de utilizar, ferramentas de auto-ajuda que respeitassem o coração e o intelecto oferecendo dados de muitas fontes bem investigadas.

Mais do que apenas a idéia de "dar um tempo" na pesquisa foi a compreensão da importância de permitir que os dados absorvidos intelectualmente se acomodassem num saber celular que só pode ser atingido com a vivência deles. Eu também sabia intuitivamente que guardava dentro de mim todo o conhecimento necessário para ser uma criatura ilimitada que eu estava querendo mostrar que era.

À medida que assisti outras pessoas fazerem essa viagem, foi vindo à tona um modelo que parece utilizar todo o nosso "saber" interior. A alma agita-se, começamos a despertar. Temos sede de conhecimento. Respeitamos o intelecto com a pesquisa e descobrimos fios de verdade que vêm à tona através de todos os ensinamentos dos mestres e dos sábios, das escolas antigas e das religiões da Terra. Combinamos o conhecimento da física quântica. Descobrimos as Leis Universais e reconhecemos que elas governam toda a energia e toda a matéria, e são o fundamento de toda ciência e de toda religião. Entendemos que essas são leis absolutas. São as Leis da Criação e, quando trabalhamos com elas, a magia aparece. Praticamos, brincamos, criamos conscientemente.

Sabendo que criamos a realidade por meio de nossa visão, controlamos diligentemente nossos processos mentais, apagando tudo o que não seja pensamento ilimitado. Refinamos, reprogramamos, somos testemunhas de que as leis da energia respondem a esse novo paradigma e nossa realidade cotidiana ao mesmo tempo em que o produzem.

A meditação traz consigo o dom do desprendimento e nos tornamos a testemunha, o criador, experimentando e vivendo dentro de nossa criação. Percebemos que o impacto de SER e viver o que compreendemos intelectualmente aumenta ainda mais o poder da realidade. Pois um feixe de luz de pensamento é menos poderoso do que o saber profundo que emana de todas as células – de todas as fibras de nosso ser – alterando as configurações de energia à nossa volta. Todo o corpo emite uma freqüência, uma ressonância, que faz uma afirmação destinada a um universo fluido que lhe responde. Dizem que o universo se reorganiza literalmente para se acomodar a nosso modelo de realidade, pois essa é a Lei da Ressonância em atividade.

Por meio da criação consciente, que concretizamos por meio da sintonização e da programação, descobrimos que a Mente Universal fala conosco quando nos plugamos à placa de circuito cósmica. Ficamos livres da necessidade de comer e dormir, livres do sofrimento para assumir nossa divindade à medida que nos programamos conscientemente para a alegria, a graça, a facilidade e muito mais. Despertos e com mais poder através da intenção, da programação e da participação no jogo de acordo com as leis divinas, criamos uma ponte entre os mundos, entre os paradigmas, e vivenciamos a Unidade de tudo.

Somos testemunhas da pulsação dos Trabalhadores da Luz e da sociedade "da corrente predominante". Muitos estão procurando se divertir, ganhar dinheiro e também "fazer o bem". Muitos desejam criar um modelo que lhes permita viver de modo a concretizar o máximo possível de seu potencial físico, emocional, mental e espiritual de uma forma que respeite tudo – todos os paradigmas de uma nova era.

Os paradigmas positivos podem ser criados por uma programação intencional específica. A programação é uma instrução repetitiva. Como os corpos físico e emocional são governados pelos corpos mentais – a mente superior e a mente inferior – em cada momento "presente" a programação efetiva nos libera e também nos dirige pela vida afora. Permite que a viagem da sobrevivência seja simplificada para podermos florescer harmoniosamente. Segue-se um programa que muitos acharam o mais eficiente de todos:

- "Querido Deus Criador Pai/Mãe: peço que cada momento de cada dia se desdobre em completo e perfeito alinhamento com a Vontade Divina, na Escala do Tempo Divino."

Esse programa garante a realização bem sucedida de todos os sonhos e visões alinhados e impede-nos de ficar o tempo todo perguntando se "devíamos" estar fazendo alguma coisa. Permite também que saibamos se alguma coisa não está se manifestando, não está em alinhamento ou pronta de acordo com a Escala do Tempo Divino, para podermos nos livrar dela.

"Peço que minha participação em cada momento seja para o bem supremo dos outros e para o meu bem supremo."

Por quê haveríamos de querer que nossa participação fosse menos do que o máximo? Isso também dá permissão a nossas relações afetivas para ser tudo o que podem ser, livres de expectativas.

- "Peço que os campos de energia de meus corpos físico, emocional, mental e espiritual sejam colocados em alinhamento perfeito para que o meu Eu Divino se manifeste plena e conscientemente no plano físico e em todos os planos da existência de uma forma que me traga muita alegria, facilidade, graça, prazer e abundância."

A força de maior capacidade de transmutação e criação que existe no universo é a de nosso Eu Divino. Pedir-lhe que nos alinhe significa que isso é feito com um grande poder e de uma forma que também é alegre, pois não precisamos realmente sofrer por causa de nossa divindade, assim como não precisamos mais estar no ciclo do processamento constante ou de sofrer a influência de um "sabotador interno".

Chamo esse programa de programa-padrão. Seu objetivo é conseguir o que desejamos criar. Os programas podem ser de longo prazo - padrão - ou de curto prazo, para atingir um objetivo específico. Mas depois de nos reprogramarmos, também precisamos estar alertas em relação a nossos pensamentos, optando por aceitar somente o pensamento que estiver alinhado com o ilimitado.

A razão pela qual muitos acham que a vida é menos do que perfeita é a memória celular e aquilo pelo que optamos em nos concentrar em cada momento "presente". O dr. Deepak Chopra descreve as células como lembranças revestidas de matéria. Os Mestres Ascensos sugerem que quando um ser já teve mil encarnações com uma média de 30 anos cada (para usar um número inteiro), temos 30 mil anos de informações celulares baseadas na memória, e relativas apenas a nosso ciclo terrestre!

Portanto, mergulhar na memória celular sem uma programação específica pode divertir-nos durante eras inteiras, mas também pode ser ineficiente em termos de tempo. Se procuramos conhecer nosso verdadeiro eu – vivenciar o ilimitado –, então a abordagem mais lógica seria enfocar nosso Eu Divino ilimitado, lembrando também que aquilo em que nos concentramos, seja o que for, cresce e transforma-se em nossa realidade!

Um programa de manutenção específico para os que já estão "sintonizados" é apresentado a seguir. Seu objetivo é manter-nos no apogeu durante períodos muito atarefados, nos quais nem sempre conseguimos implementar nossa rotina "normal" ou desejada.

Programação para Ser Ilimitado

- "Todos os meus corpos estão sintonizados, tonificados, bem ajustados e saudáveis. Vibram e também se expressam em harmonia perfeita e sincrônica com a pulsação do Deus Criador Pai/Mãe. Isso é verdade, quer ou coma, durma, faça exercícios ou medite."

Esse programa apaga a "fita do monólogo interior" que fazemos tocar continuamente sobre os hábitos citados acima e qualquer culpa ou pensamentos limitadores que possamos ter a respeito de alimentação, sono, ginástica, meditação ou outros hábitos. Se você já se programou, introduza-o em sua agenda. O programa acima simplesmente apaga os outros e se impõe.

Um dos desafios da manifestação – depois de alinhar sua vontade com o "quadro maior" (Vontade Divina) – é descobrir a hora certa para fazer as coisas. Não há dúvida de que muitos também chegaram à conclusão de que o simples fato de estarem em alinhamento não significa que as coisas vão se manifestar como você espera, pois em geral há outras peças do quebra-cabeça que ainda não foram reveladas, criadas, colocadas no lugar certo etc. Tenho usado o programa que se segue com grande sucesso, pois ele permite um desenvolvimento garantido, perfeito, passo a passo, alinhado. Permite também que todos se desenvolvam de maneira fluida no Tempo Divino:

- "Peço que meu próximo passo/peça perfeita do Projeto Divino revele-se claramente a mim agora e também me traga os jogadores perfeitos e todos os recursos para a criação e implementação desse projeto para que ele possa manifestar-se fisicamente AGORA."

Como muitos agora sabem, estamos fazendo uma "iniciação coletiva" onde aprendemos a trabalhar juntos harmonicamente nesse plano físico. Esse programa também atrai as pessoas certas (aquelas que fazem parte da manifestação de nossa peça do projeto) com quem trabalharmos a fim de tornar nossas visões manifestas agora.

Para os que compreendem ou trabalham com dimensões temporais simultâneas, o programa que se segue permite reacessar nossos dons passados e futuros e aumentar nossa capacidade para a realização da peça do "plano maior" que concordamos anteriormente em manifestar:

- "Instruo meu EU SOU Presença para me dar plena percepção consciente de todos os talentos, dons e informações de todas as minhas vidas passadas, presente e futuras que aumentarão ainda mais minha capacidade de realização da peça que me coube no Plano Divino nesse plano físico AGORA."

O maior benefício do controle mental e da criação consciente por meio da programação, da concentração e da intenção é a capacidade de atrair, canalizar e dirigir a matéria-prima do poder criador. Quando em alinhamento com o "Jogo Divino", esse poder é ilimitado em sua capacidade de beneficiar magicamente o todo.

DIRETRIZES PARA O NOVO MILÊNIO

- Foco na qualidade das informações transmitidas, não em estruturas externas.
- Não "reinvente a roda" – utilize os dons e talentos de cada um para criarem juntos uma totalidade poderosa.
- Abra-se para a cooperação e não para a competição, pois essa última promove a separação.
- Confira todas as informações, comparando-as com a voz da alegria na resposta do coração.
- Aceite o convite do Mestre Interior e assista às aulas – sobre os reinos internos por meio da meditação e da contemplação imóvel – e descubra quem você é realmente.
- Seja ilimitado em seu pensamento – pensamento de qualidade resulta em qualidade de vida.
- Deixe a imaginação fluir – lembrando que a imaginação é um dom dado por Deus para nos conectar aos reinos do espírito.
- Seja claro em sua visão e divida generosamente essa visão com todos que a solicitarem.
- Essa é uma iniciação coletiva, de modo que todos devem se apresentar como voluntários, motivados exclusivamente pela alegria de seu coração e pelo reconhecimento de que partilhamos uma visão comum.
- Preste atenção a todos que se apresentarem como voluntários para ajudar na manifestação física de sua visão, pois todos têm um papel a desempenhar, um dom com que contribuir.
- Tenha cuidado com o poder da linguagem e use palavras desencadeadoras de processos. Use uma linguagem positiva no paradigma da unidade, se é isso o que você está procurando.
- Faça o que você fala – seja uma demonstração viva.

- Divulgue informações e doe irrestritamente tempo e abundância.
- Seja fluido e flexível – expanda-se no novo e SEJA em cada momento.

Capítulo 19

Cure a Si Mesmo

Um dos maiores presentes que podemos dar a nós mesmos é o domínio completo de nossa estrutura molecular e de todos os nossos campos energéticos. O domínio diz respeito a ter o poder de existir num estado de saúde total, constante regeneração e ausência de mal-estar em todos os planos de nosso ser. Uma das primeiras coisas que podemos aprender é a nos sintonizar, realinhar configurações energéticas disfuncionais e depois criar a saúde perfeita no corpo físico. À parte a programação consciente e opção pelo pensamento de qualidade, pelo sentimento de qualidade e pela alimentação de qualidade, existem também vários outros exercícios práticos que podemos fazer diariamente para fortalecer nossos campos energéticos e criar uma saúde radiante.

Esse artigo entra nos detalhes de um exercício que me foi dado pelos Mestres Ascensos e que nos permite exatamente isso. Devido a nosso modo de vida muito atarefado, talvez seja preferível incorporar esse exercício ao banho de chuveiro ou como parte de nossa rotina de meditação, ou simplesmente como um exercício de alongamento – um ato de bondade com o corpo. Vamos usar nossos músculos, nossa mente, nossa intenção e vontade, e trabalhar com o corpo mental para "descarregar" programas no corpo físico.

Quando estamos num alinhamento sincrônico com o Projeto Divino e não temos programas internos de sabotagem em ação, é garantido que o exercício apresentado a seguir funciona. Para os interessados em se alinhar tanto com o momento certo quanto com a concretização do grande plano e com o realinhamento do sabotador interno, é interessante consultar o capítulo 18, Programação – O Poder da Mente.

Em primeiro lugar, entenda que tudo é energia e que existem grades de linhas eletromagnéticas – também chamadas de meridianos - que circundam a Terra e impregnam a matéria toda, o espaço todo e o tempo todo. Entenda que os meridianos de energia de nosso corpo físico são um reflexo desses outros meridianos - assim como é em cima, é embaixo. O poder curativo nos vem quando nos enganchamos deliberadamente nas linhas dessa grade energética visualizando e imaginando que as linhas de energia de nosso corpo podem conectar-se com as linhas da grade e com as matrizes energéticas de dimensões superiores. Por exemplo: quando estamos no chuveiro, em vez de pensar que estamos sendo lavados pela água, podemos imaginar que o que está saindo do chuveiro é pura luz líquida, linhas da grade de energia que estão fluindo e entrando pelo topo de nossa cabeça (o chacra da coroa) e sendo avidamente absorvidas pelas linhas de nossos meridianos internos.

Meditação

Imagine que você está numa câmara especial onde emanações douradas e brancas do Grande Sol Central, a fonte de energia desse universo, entram em jatos pelo chacra da coroa. A conexão é feita por meio de sua visualização e intenção - simples assim.

O exercício de meditação começa assim: feche os olhos e respire profundamente algumas vezes. Peça a seu Eu Divino/ EU SOU Presença que lhe permita absorver no seu ser a voltagem perfeita da energia da força vital proveniente da fonte mais elevada e mais pura, e a melhor para sua sintonização AGORA. Depois visualize o emparelhamento de seus meridianos internos com as linhas da grade etérica - elas podem parecer mais finas ou mais grossas. Ordene, tenha a intenção e visualize que, assim que a conexão for feita, a energia curativa da força vital pura começa a fluir, entrando em seu corpo, indo direto até a ponta dos dedos e dos artelhos. Visualize e ordene que haja um bombeamento - como se você girasse um botão num mostrador - até correntes puras de energia com luz dourada e branca estarem percorrendo a matriz energética de seu corpo.

Você talvez queira visualizar essas correntes de luz se movendo através das pontas de seus dedos, dos chacras da mão, da sola dos pés e dos artelhos, plantando você no planeta Terra e permitindo que essa força da energia pura utilizem você como um catalisador, de modo que não só limpe e sintonize seus meridianos, mas também que a energia se mova através de você aumentando seu poder e depois ajude a curar a Terra. Você pode visualizar essa energia entrando em seu corpo aos borbotões e depois começando a girar como um vórtice, amplificando os meridianos e depois irradiando correntes de luz para todas as células, órgãos, corrente sangüínea e ossos que constituem o seu corpo.

Depois de estar plantado e de ter amplificado conscientemente o fluxo de energia e ordenado à energia pura da força vital que comece o processo de cura/realinhamento, você pode dar início a mais uma programação consciente.

O mantra relativo ao primeiro passo da cura é o perdão. Não é que não somos perfeitos; o problema é que trazemos uma memória celular de outras vidas que acreditamos ter vivido. Portanto, o objetivo do primeiro mantra, enquanto você está visualizando essas energias fluírem através de você, é abrir seu coração e dizer ao universo, "Perdôo e sou perdoado". Mantenha a visualização da energia percorrendo o seu ser, inspire profundamente e, ao expirar, repita o mantra, "Perdôo e sou perdoado" até o Mestre Interior lhe dizer que pare. Quanto a isso, confie em sua intuição. O segundo mantra curativo é, "Agora libero todas as energias discordantes de meus campos energéticos", que pode ser abreviado pela palavra "libero".

Visualize – enquanto as correntes de luz continuam entrando pelo chacra da coroa e sendo bombeadas através dos meridianos – que elas estão vindo com tanta força que expelem todas as energias discordantes de todas as suas células pelos poros de sua pele. Você talvez queira imaginar que, assim como a luz flui pelo seu corpo e preenche todas as células, que ela sai pelo topo de sua cabeça como a champanhe que se derrama num copo transbordante, e começa a criar uma bolha de luz à sua volta. Visualize essa bolha crescendo até envolver seus braços estendidos e depois pelo menos mais 15 cm. Essa bolha de luz e esse campo de força que você criou podem se tornar completamente impenetráveis a todas as energias, exceto as que são para o seu bem supremo. Se você mantiver essa bolha permanentemente à sua volta e cheia da energia da força pura de Deus, aí todas as energias em torno do planeta, de fontes conhecidas e desconhecidas, serão rejeitadas ou absorvidas e transmutadas sem tocar realmente a sua essência. Portanto, à medida que você procede à sua liberação e visualiza essas energias discordantes saindo pelos poros de sua pele, quando elas se conectam com a luz à sua volta, saiba que elas também são automaticamente transmutadas e realinhadas e, por isso, não têm um efeito pernicioso sobre seu ambiente.

O passo seguinte, depois de você ter sido intuitivamente orientado no sentido de parar de usar o comando "libero" é o comando "cura". Repetindo: o poder desses mantras está em sua intenção e na convicção de que você tem o poder de recuperar todas as energias discordantes e curar a doença em seus campos. Visualize, enquanto a energia entra aos borbotões em seu corpo pelo chacra da coroa e ocupa todo o espaço e lhe dá todo o poder da força vital, que essas torrentes de energia entram em todas as células e transformam suas células encarquilhadas em uvas redondas, suculentas, cheias de luz – ou qualquer outra imagem que você deseje criar que produza o efeito de suas células curando-se, regenerando-se e depois renovando-se em saúde perfeita.

O comando seguinte é "renovo". A imagem é semelhante à anterior. Você pode começar usando o mantra, "Libere, perdoe. Perdoe, libere. Cure, renove. Renove, cure. Cure perfeitamente de acordo com o Plano Divino AGORA".

Depois disso, você pode visualizar o poder curativo dos chacras de suas mãos completamente ativado e plugados diretamente à fonte de cura mais pura da força vital universal. Enquanto medita sentado, você talvez queira colocar as mãos em qualquer parte específica do corpo que precise ser curada; ordene e visualize o processo. Uma boa forma de testar esse procedimento e avaliar sua capacidade de se curar enquanto ela aumenta é pegar uma parte de seu corpo que você gostaria que estivesse curada e concentrar-se nela diariamente até você perceber que houve uma mudança física. Pode ser uma veia da perna, uma mancha na mão ou uma cicatriz pequena. Enquanto medita sentado, depois de se conectar às linhas da grade e sintonizar-se como recomendamos atrás, enquanto as mãos estão em seu corpo, você pode dar seus comandos enquanto expira, "Corpo, cure-se agora", ou "Veias, curem-se agora". O objetivo das imagens é atrair as forças puras e poderosas da energia curativa para o chacra da mão, que agora estão fluindo por ele e sendo absorvidas pela parte do corpo que precisa ser curada. Você visualiza as células absorvendo a luz como esponjas, transmutando energias tóxicas e curando o seu corpo.

Depois, para os que desejam fazer exercícios físicos com isso, visualizem-se plugados às matrizes energéticas das forças puras da energia curativa. Imaginem que vocês bombearam todo volume necessário e que a energia está fluindo através de vocês agora como um grande rio que se move rapidamente. Vocês podem se movimentar intuitivamente, como se estivessem executando uma dança sagrada ou fazendo outros exercícios isométricos. Podem usar essa técnica para realizar toda uma série de exercícios de alongamento, bem como posturas e exercícios da ioga. Os benefícios não serão apenas maior flexibilidade e graça, mas também a cura e realinhamento de seus campos energéticos. Quando vocês dançam ou fazem exercícios de alongamento, estendem os músculos até sua capacidade máxima contraindo-os e depois soltando-os num ritmo pulsante, alongando mais e mais à medida que avançam.

Continuem visualizando o tempo todo a energia pura da cura entrando aos borbotões pelas suas mãos e pés e pelo chacra da coroa, e também por todos os outros chacras. Visualizem sua interconexão com as correntes de energia de toda a criação e a ligação com o rio da unidade. Depois vocês também podem concentrar a mente num órgão ou área particular de seu corpo, que sentem intuitivamente que precisa ser curado ou de atenção extra.

A prática diária das técnicas acima garante um veículo forte, principalmente quando acoplado à alimentação pura, ao pensamento puro e ao sentimento puro, e a qualquer outro programa de exercícios que vocês sejam intuitivamente orientados a fazer. Os Mestres Ascensos dizem que, quanto mais forte o veículo físico, tanto mais intensa a energia luminosa que podemos receber e transmitir. À medida que realinhamos conscientemente nossos campos energéticos, atrairemos níveis de realidade que refletem nossa própria consciência em expansão. As técnicas apresentadas também garantem a ativação completa de nossas matrizes de energia etérica – ou corpos luminosos – e preparam para o teletransporte consciente no futuro.

Capítulo 20

Post Scriptum: maio de 1996

A Reação da Imprensa

Fui orientada no sentido de acrescentar as notas que se seguem depois de minha recente *tournée* por Hong Kong e Estados Unidos, onde tive a oportunidade de conversar com profissionais do rádio, da televisão e dos jornais, e muitos outros, sobre Viver de Luz.

Para os que optam por realizar o processo acima, é importante entender que, com ele, você vai literalmente empurrar muitos ocidentais para além de seu "quadro de referências da realidade". Uma coisa que descobri ao dar entrevistas à imprensa é que era um desafio explicar em dez minutos uma realidade que precisei de vinte anos para criar.

Para entender como alguém pode viver de luz, você precisa ter algum conhecimento da ciência superior que trata da luz e das leis da energia. A pesquisa experimental e intelectual que meus colegas e eu estamos fazendo nesses campos está literalmente criando uma nova linguagem e um novo paradigma da realidade. Essa nova realidade também é muito fácil de entender por aqueles que estão interessados em estudar e trabalhar com seu próprio saber e discernimento intuitivo.

Um jornalista disse que muitas crianças pequenas morrem a cada minuto de fome e desnutrição, e que mudar nossas crenças e mentalidade a respeito das necessidades nutricionais que os alimentos satisfazem não as salvará. Quando entendemos a dinâmica da energia, entendemos que as crianças estão ligadas aos campos energéticos de seus pais, principalmente os da mãe até um ano e meio a dois de vida. Depois elas começam o processo de separação que algumas escolas de pensamento dizem que se completa aos 14 ou 21 anos, dependendo do indivíduo. Quando os adultos são expostos à realidade de que muitos indivíduos – no mundo inteiro – conseguem viver de luz, eles perdem o medo e mudam sua mentalidade. Isso vai levar a uma modificação da freqüência e qualidade da energia que emitem. E seus filhos vão reagir de acordo. Tudo está interligado. O segredo está na compreensão do poder da mente sobre nossa estrutura molecular.

Também é importante manter o foco claro. O processo de 21 dias é uma ponte para a liberdade. Não se trata de comer ou deixar de comer. Estatisticamente falando, uma grande porcentagem dos indivíduos que escolhem fazer essa viagem volta a ingerir comida. Mas guardam dentro de si, num nível celular, tanto a compreensão quanto o saber experimental e intelectual de que, se quiserem, podem ser sustentados exclusivamente pela Luz Líquida. Um obstáculo sério ao reconhecimento de nosso potencial ilimitado já foi removido no plano pessoal.

A nível global, somos pioneiros de uma nova maneira de ser que tem imensas ramificações sociais e políticas. Se as fraternidades científicas ou médicas estivessem ocupadas com a busca de uma solução prática que pudesse salvar dois terços da população do mundo de morrer de fome, conseguiriam uma visibilidade positiva tremenda na mídia. Mas, como esse caminho desafia sistemas de crenças profundamente arraigadas na cultura ocidental, muitos enfrentam os velhos paradigmas do medo, principalmente do medo gerado pela ignorância.

Estamos criando o novo paradigma do amor e da luz. Viver de Luz é apenas um subproduto. Estamos aprendendo a utilizar os 4/5 do cérebro que a ciência e a medicina dizem que não usamos. Porque viver nessa realidade tri/tetradimensional requer apenas 1/5 de nossa capacidade cerebral. O resto deve ser usado para acessar a consciência superior. Esse jogo diz respeito à consciência. A mais elevada consciência, as mais elevadas faixas energéticas, as mais elevadas possibilidades.

Também o fato de termos um excedente de energia à nossa disposição – a energia que usamos atualmente na digestão da comida – significa que estamos livres para usar essa energia para explorar verdadeiramente nosso potencial ilimitado. O que pode ser um desafio, principalmente quando você vive entre pessoas que acreditam precisar de combustível e de parar para descansar.

Recentemente, enquanto viajava, tive a oportunidade de explorar a realidade de viver sem dormir. Como minha energia estava tão sincronizada com a energia do vórtice do monte Shasta, descobri que não estava cansada e não precisei dormir quase uma semana durante minha estadia lá. Normalmente, quando não tenho sono, descubro freqüentemente de manhã que estou cansada, inquieta e com aquelas horríveis bolsas embaixo dos olhos. Consciente dessa reação "antiga" à privação de sono, simplesmente aceitei meu estado presente de vigília, usei o tempo para refletir e meditar; desprogramei e reprogramei o corpo para estar energizado e fresco de manhã, e foi assim que ele ficou. Este foi somente um experimento que deu certo e resultou na dádiva de um novo nível de liberdade. Sei que não preciso dormir, que não preciso comer e, por isso, sinto-me mais livre, com mais poder, independente das crenças que confinam tantos nesse plano apenas por sua falta de compreensão.

À medida que um número cada vez maior de indivíduos explorar a natureza ilimitada de seu ser, o caminho vai se tornando mais fácil, a inspiração dos exemplos vivos vai se tornando mais óbvia e corriqueira. Enquanto "telepata cósmica" – uma pessoa que recebe e transmite informações telepaticamente a seres de muitas dimensões – fiquei sabendo que, devido à transformação que está ocorrendo no planeta e à entrada de vibrações mais sofisticadas, não é necessário que ninguém passe por esse processo de 21 dias. Podemos simplesmente resolver deixar a Força Vital Universal nos sustentar, e ela nos sustentará, pois a potência do campo aumentou. O sucesso disso depende das ordens que você dá à sua estrutura molecular e aos níveis de confiança e fé que você tem em sua própria divindade.

Para alguns, é como dizer, "Não pegue aquele avião para Paris, basta desmaterializar-se e rematerializar-se", o que, para muitos, é mais fácil falar do que fazer. Ter um processo consolidado, que permite a conversão dos campos de energia dos corpos inferiores para serem sustentados pela luz, é como o avião. O resultado final é o mesmo, mas é mais rápido e mais simples do que os anos de treinamento e de desprogramação e reprogramação que um noviço pode precisar para aprender a arte da desmaterialização.

Todos temos essas capacidades, mas as esquecemos, e o processo de lembrar tende a gerar dúvidas e medos. Nós, a humanidade como um todo, estamos sendo chamados a dar um salto quântico do medo para o amor, da escuridão para a luz. O novo paradigma dessa sétima Idade de Ouro é a criação da Idade do Diamante, onde o amor e a luz estão presentes para quebrar o modelo cíclico de ascensão e queda da humanidade.

Meu paradigma pessoal da realidade é levar minha vida de modo a utilizar o máximo de meu potencial físico, emocional, mental e espiritual. Vejo meu corpo como um biocomputador, meus pensamentos são o programa e minha vida o resultado já impresso. Eu e muitos outros estamos agora reescrevendo conscientemente nossos programas individuais e coletivos para podermos viver harmoniosamente, como campos unificados de energia nesse plano, de uma maneira que respeite todos os seres vivos. Viver de Luz é um subproduto disso, que reconhece e respeita nossa capacidade inata de permitir que o "Deus interior" nos sustente em todos os planos.

As Leis Universais da Energia dizem que aquilo em que nos concentramos se desenvolve e cresce. Portanto, se optarmos por nos concentrar em nossa divindade, vamos reconhecer e vivenciar a divindade e perfeição em tudo. Está na hora de ter a coragem de deixar essa luz brilhar, de "fazer o que falamos" e de desfrutar cada passo ao longo do caminho.

Post scriptum: novembro de 1996

A Reação Social

Uma das primeiras decisões que tomei quando me dispus a divulgar as informações a respeito dessa viagem em forma de um livro foi escrever um capítulo sobre a realidade "após o processo". À medida que o tempo foi passando, fui testemunha da passagem de muitos indivíduos por esse processo de 21 dias e que continuaram só tomando líquidos durante uma semana, um mês, seis meses ou um ano e mais. Em um ponto qualquer ao longo do caminho, tomaram a decisão de voltar mais uma vez a comer socialmente. Aqui também as razões variaram, mas como observadora imparcial e pesquisadora que sou, mais uma vez me interessei por descobrir o motivo.

Durante a primavera de 1996, enquanto estava na Nova Zelândia, tive a oportunidade de reencontrar numerosos indivíduos que passaram pelo processo de 21 dias desde a minha visita no ano anterior. As discussões revelaram que eles voltaram a comer por causa da pressão social, da falta de apoio e da sensação de estarem alienados ou isolados. Como os leitores bem podem imaginar, a reação geral a indivíduos que vivem de luz numa sociedade ocidental de nossos dias varia da incredulidade declarada a uma reação do tipo, "Por quê diabos você faz isso? Nunca vou deixar de comer – tenho prazer demais comendo e participando da vida social em torno da comida!", além de outras reações desse gênero.

Há muito pouco apoio ou compreensão desse tipo de opção. Depois que a empolgação por viver de prana se desgasta, a realidade do dia a dia se instala. Você pode descobrir que deixou de ser convidado para os jantares, pois as pessoas não se sentem à vontade com você ali sem comer ou "partindo pedacinhos de pão" a seu lado. Outros parecem sentir-se culpados por ter vontade de comer quando talvez saibam intuitivamente que, na verdade, não precisam, e sua presença serve de testemunho vivo que pode desencadear neles a sensação de terem pouca força de vontade (pelo menos é o que dizem alguns). Repetindo: há muita coisa desencadeada por sua opção e por seu exemplo.

É uma questão muito complexa e controvertida. A essa altura, a alimentação prânica não é um caminho trilhado por muitos. Alguns sentem-se solitários e cansam-se de ser diferentes. Sentem saudade de "fazer parte da turma". Param de conversar sobre o assunto, deixam de se sentir felizes com ele. Brincam de "fingir" que comem em certas situações que requerem sua presença e onde acham impróprio chamar a atenção sobre si. E a lista continua.

É importante entender que todos os pioneiros ficam sozinhos inicialmente. Ser pioneiro é isso: ousar ser diferente, ter a coragem de abrir um novo caminho; aceitar o ridículo e o julgamento de suas atitudes; saber que a ignorância gera o medo e que, no Ocidente, essa é uma viagem, uma compreensão que muitos não têm instrução para entender, não têm familiaridade.

Pessoalmente, é raro eu participar de situações sociais num jantar, pois descobri que, seja qual for o motivo, pode causar mal estar às pessoas me verem ali e não participar nesse nível. Estar numa situação social que envolva o chá da tarde ou um café especial evita a questão do comer ou não comer. Para muita gente, quando ouvem dizer que você não come, a questão se torna muito preto no branco. Se virem você tomando uma sopa – por causa da interação social – ou colocando mel no seu chá, dizem imediatamente, "Pensei que você não comia. Você pode viver disso!", de uma maneira que pode ser tão cínica e crítica que me deixam estupefata. Se isso só acontece uma ou duas vezes, não é tão ruim assim. Mas é uma reação típica de muita gente. Depois de algum tempo, você sente como se tivesse de nadar constantemente contra a corrente da convenção. É muito cansativo. Escuto o *feedback*. Já passei por isso muitas vezes e, no entanto... as dádivas que a viagem oferece são realmente ilimitadas.

Portanto, se fizer essa viagem, tenha cuidado. Pode ser natural para você, mas não é natural para 99,9% de seus semelhantes. Estruture a vida de modo a gerar o mínimo de reação possível se não quiser enfrentar dificuldades e confrontos. Use um pouco de bom senso. Sintonize-se com as energias daqueles à sua volta. Programe sua vida para ela manifestar o mais elevado e o melhor. Tenha cuidado, pois aquilo que o empolga nem sempre empolga os outros. Você pode chegar à conclusão de que sua nova capacidade de não comer e manter sua saúde e seu nível de energia no apogeu é um milagre, mas a maioria das pessoas vai descartar essa possibilidade como absurdo.

Até no ambiente da Nova Era e entre terapeutas alternativos há muito ceticismo. Os terapeutas alternativos estão prontos a assumir a responsabilidade pela sua saúde melhorando a alimentação, fazendo exercícios, a qualidade da nutrição e educando as pessoas para compreender o papel que as emoções negativas mal resolvidas têm na criação de uma doença. Essa idéia de não comer nada, de não tomar vitaminas e suplementos alimentares abala essa indústria tão profundamente quanto a idéia da terapia alternativa que propõe às pessoas que curem a si mesmas ou previnam as doenças está abalando hoje a indústria farmacêutica de bilhões de dólares!

Quando convidado a discutir Viver de Luz na televisão, um profissional da área de saúde costuma estar presente e sempre diz que é impossível viver sem comida e do combustível que obtemos dos alimentos. É claro que precisamos de uma nutrição apropriada para manter um sistema saudável, mas o que o médico não leva em consideração é que estamos sendo alimentados a partir de uma fonte diferente de combustível. Como muitos médicos ocidentais nunca ouviram falar de prana, a idéia de que podemos sobreviver sem comida gera uma reação imediata de "Bom, ou é enganação, ou um milagre absoluto!", para citar um médico do Huntington Memorial Hospital, na Califórnia, quando lhe perguntaram sobre nosso trabalho no show *Strange Universe!*

Capítulo 21

Comer ou Não Comer

E agora? Você passou pelo processo, teve *insights* maravilhosos, sabe que pode viver de luz. Percebeu que as necessidades do corpo físico são mínimas, que é realmente o corpo emocional que falta na agenda do jantar/das atividades sociais, ou o tédio do corpo mental com a falta de sabor ou seja qual for o seu desafio.

Para os que não têm desafios – parabéns! – vocês são especiais mesmo! Aproveitem a viagem e passem para o plano seguinte! Parem de tomar líquidos. Basta respirar e curtir. Escrevam-me contando seus *insights* e aprendizado para que possam ser partilhados com outros enquanto continuamos a pesquisar e divulgar tudo o que pudermos sobre esse "experimento"!

Repito de novo que, para mim, essa viagem não gira em torno de comer ou não comer. Sua importância está na liberdade que proporciona. Na liberdade de escolher, de sermos capazes de ditar regras ao corpo em nossa condição de donos da casa. Na liberdade em relação às limitações, às crenças de que precisamos comer, dormir, envelhecer ou morrer. Na coragem de explorar todo o nosso potencial.

Sua importância está na criação de uma nova estrutura da memória celular com base na experiência comprovada e de primeira mão! É irrelevante se uma pessoa vive das energias prânicas durante semanas, meses ou anos. O corpo sabe que pode depois que você lhe permitiu essa vivência. Retém a lembrança. Quanto mais pessoas souberem disso, tanto mais corriqueira será essa experiência, tanto mais freqüente e tanto menos miraculosa.

Ser tudo o que podemos ser é nosso direito dado por Deus, não um estado reservado para os santos ou sábios antigos. É ser o Ungido. Está na hora da Segunda Vinda, e essa vinda é cada indivíduo com plena percepção consciente do Ser Divino dentro de si. É permitir que o Ser Interior Divino assuma a responsabilidade pela satisfação de todas as suas necessidades, em todos os planos, enquanto percorremos esse caminho vida afora!

Depois de darmos permissão ao Ser Interior Divino para se evidenciar plenamente em nossa vida, podemos começar conscientemente o processo que chamamos de Reformulação das Imagens.

REFORMULAÇÃO DAS IMAGENS

Trata-se de canalizar a mudança recriando positivamente a partir da memória celular. Sua aplicação consciente nos permite construir a ponte que nos faz atravessar o tempo linear e entrar no tempo simultâneo.

No capítulo sobre o poder da mente, demos instruções no sentido de "... ter plena percepção consciente de todos os talentos, dons e informações de todas as minhas vidas passadas, presente e futuras que aumentarão ainda mais minha capacidade de realização da peça que me coube no Plano Divino nesse plano físico AGORA".

Somos capazes de reinventar nossa imagem física sintonizando todos os nossos campos energéticos com sua freqüência perfeita. O que é intensificado se nos concentrarmos em nossa memória celular de perfeição e natureza divina, evocando a época, num passado distante, em que expressamos plenamente a nossa divindade.

Como as células são lembranças revestidas de matéria ou bancos de dados de lembranças, quando nos sintonizamos conscientemente por meio da meditação e da programação, podemos remodelar nossa realidade se reprogramarmos nossa memória celular.

A reformulação das imagens é uma reformulação num nível celular, sem o custo nem o sofrimento do bisturi do cirurgião ou do sofá dos psicanalistas.

Recentemente tive o prazer de conhecer Rhys Hart, profissional da naturopatia de Brisbane envolvido na pesquisa e aplicação bem sucedida de técnicas de recuperação de membros. Quando uma pessoa perde um membro, seu corpo ainda retém no campo energético do corpo etérico a impressão deixada pelo corpo físico, de modo que o fato do membro crescer de novo é uma questão de domínio da mente sobre a matéria.

Isso também é válido para as lembranças guardadas nas células. Guardamos as lembranças das experiências de muitas vidas. A reformulação das imagens requer a escolha seletiva do celeiro de lembranças que existe dentro de nós para remodelar nossa imagem física, emocional e mental da forma como desejamos que seja agora. A reformulação das imagens está ligada ao domínio da mente sobre a matéria. Está ligada às ordens e orientação do Mestre Interior para adquirirmos o Domínio.

Imagine todas as coisas que você gostaria de ser. Tudo e qualquer coisa que lhe vier à mente passa a ser reconhecido e é um espelho do que foi. Esse processo é como uma mesa repleta dos mais variados pratos, onde o criador (você) seleciona o melhor de cada vida, sabendo no que se concentrar - e que, pela Lei Universal, virá a se concretizar. Aquilo que imaginamos, viremos a ser.

Você também pode preferir dar instruções: "Ordeno agora a meus quatro corpos inferiores - o físico, o emocional, o mental e o espiritual - que se manifestem integralmente nessa realidade física, com a imagem perfeita e as qualidades divinas de meu EU SOU Presença".

MULTIPLICIDADE

Multiplicidade é a evolução natural e a companheira da reformulação das imagens. Quando uma pessoa utiliza bem a reformulação das imagens - evidente tanto pela mudança física quanto emocional - percebe que pode ter qualquer aspecto da miríade de personalidades e imagens que possuímos na "residência" consciente em qualquer momento.

Sei, por exemplo, que há um aspecto meu que é sintonizado, forte e perfeito. É o eu que sinto quando estou fazendo exercícios e cuidando regularmente do veículo físico.

Também tenho um aspecto que pode ser o de um viciado em trabalho, "atarefado" demais para dormir ou fazer ginástica. Às vezes, depois de algumas semanas de atividades profissionais intensas em que ignoro o corpo, sinto-me cansada, com menos energia, nem ouço direito os outros. Quando essa sensação – ou reconhecimento – entra em minha consciência, eu simplesmente RESOLVO SER – e me dou ordens nesse sentido – a guerreira sadia e forte. Há um mudança energética dentro de mim e é exatamente assim que me sinto. Uma energia instantânea "levanta-me" ou muda meu estado.

Nossas células liberam qualquer aspecto nosso que evocarmos. Posso ser limitada ou ilimitada. Forte ou fraca. Energizada ou sem energia. O corpo físico responde a esses comandos automaticamente. É como a mudança das formas praticadas pelos xamãs.

Da mesma maneira, posso evocar personalidades diferentes para papéis diferentes. O amante, quando você reformula sua imagem para ser sua versão do amante mais glorioso; o guerreiro ou xamã com poder para atuar alegremente sobre a realidade física; o curandeiro ou alguém que ajuda os outros; qualquer personalidade que você quiser. Basta evocá-la e concentrar-se inteiramente em cada momento presente.

Com a multiplicidade você também pode dividir seus campos energéticos e enviar seu eu curandeiro/guerreiro/xamã para outros reinos enquanto você realiza atos físicos em sua realidade cotidiana. Para dividir a energia por meio de nossa intenção concentrada é necessário aprender a estar em dois lugares ao mesmo tempo e atuar simultânea e conscientemente no tempo.

TRANSMUTAÇÃO - Continuidade da viagem prânica

Suplemento de outubro de 1997

É interessante observar que, quando certos aspectos da vida estão destinados a se manifestar, eles simplesmente desabrocham. Há quatro anos atrás, quando comecei minha viagem consciente de alimentação prânica, não tinha a menor idéia de que poderia estar ajudando a criar um movimento pequeno, mas potente, na cultura ocidental. Na época, era apenas outro passo natural em minha viagem pessoal de refinamento. Agora é uma opção bem estabelecida, tanto na Nova Zelândia quanto na Austrália, e também em vários círculos da Nova Era na Ásia, na Europa e nos Estados Unidos. Para manter as informações claras e bem focadas, foi orientada no sentido de escrever este livro; ter constantemente a sensação de sermos sustentados pela Centelha Divina que existe dentro de nós logo se tornará lugar-comum, pois muitos estão optando por uma expressão de vida mais simplificada e requintada.

O que esse artigo pretende detalhar é o "e agora?". Depois de provar a nós mesmos que podemos ser alimentados pelo prana e não precisamos mais comer, perguntamo-nos, "e agora?" Energeticamente, nossas sociedades globais ainda dão muito apoio à socialização em torno da comida e à dependência emocional em relação a ela, e esse movimento novo de pessoas que vivem de prana e de respiratorianos ainda não é grande o suficiente para ser uma ameaça ao McDonalds ou aos restaurantes em geral. E as realidades cotidianas das pessoas envolvidas?

A partir de nossas pesquisas e do trabalho de acompanhamento que fazemos, sabemos que a maioria dos indivíduos voltam a consumir comidas leves, ao menos em ocasiões sociais e, às vezes, só pelo prazer de sentir os sabores. Pessoalmente, como já disse antes, depois de mais ou menos dois anos vivendo somente de luz e de brotos ocasionais, e em geral só tomando três copos de água por dia, sem vitaminas e sais minerais, fui levada a entrar no jogo da transmutação consciente. Resolvi me permitir tomar café socialmente com um pedaço de torta de queijo por razões emocionais, e acabei com dores de estômago violentíssimas.

Para o meu corpo, foi como jogar uma bomba química num sistema extremamente purificado. Minha reação foi que eu precisava nunca ingerir nada tóxico ou começar a viagem da transmutação consciente. É uma viagem que implica mudar a vibração de qualquer substância para que ela se harmonize positivamente com a minha. Café e torta de queijo pareciam uma forma tão gostosa de começar! E, desse modo, abandonei mais uma vez a idéia do que era nutricionalmente saudável, pois sabia que o prana estava me alimentando e, por isso, concentrei-me em sentir o sabor e na transmutação.

É interessante que aquilo que muitos acham delicioso também costuma ser considerado nutricionalmente "ruim" e, em geral, ouvem o conselho de que devem consumir essas coisas com moderação. Quando ingeridas em pequenas quantidades, o corpo logo expulsa qualquer toxicidade e os resíduos são facilmente postos fora entre as substâncias indigeríveis por meio da eliminação normal. Existe uma concordância básica de que a mente humana recria diariamente o corpo físico pela escolha de pensamentos e sentimentos de qualidade, bem como alimentação de qualidade, ou pela escolha de pensamento tóxico, que também libera emoções tóxicas que podem nos levar a uma alimentação tóxica.

Os Mestres Acensos, ao me orientar em minha viagem de alimentação prânica, disseram que a única razão pela qual tantos trabalhadores da luz eram saudáveis era acreditar e esperar que, ao optar por ingerir alimentos nutricionalmente balanceados e suplementos, além de fazer exercícios, eles teriam saúde. E tinham. Mas será que era sua crença inequívoca ou a substância nutritiva real que ingeriam? Em minha pesquisa, inclinei-me pela teoria de que era sua expectativa, pois conheço muitas histórias de iogues indianos que tomaram veneno e o transmutaram, sem que se manifestasse nenhum efeito pernicioso.

Nossa mente é tão poderosa que pode atrair e manter uma miríade de realidades. Em sua discussão da *Nature of Reality [A Natureza da Realidade]*, o dr. Deepak Chopra afirma que "o corpo humano é uma máquina física que, de alguma forma, aprendeu a pensar, é a dança das moléculas que cria os epifenômenos da consciência, dos pensamentos, sentimentos e emoções, desejos, conceitos, idéias, filosofias, dogmas, religiões... de alguma forma essas moléculas giram e temos esse epifenômeno chamado pensamento. Temos máquinas físicas que aprenderam a pensar".

Talvez, num outro plano, exista pensamento puro que depois criou o veículo para abrigar um aspecto de sua própria consciência. Se for assim, então com certeza esse mesmo pensamento puro pode curar a si mesmo, reconstruir, alterar, reformular imagens e manter o veículo que criou.

A ciência provou que nosso corpo é uma máquina complexa de bilhões de células conectadas entre si de maneira intrincada. Agora muitos dos tradicionalistas mais convictos parecem reconhecer a conexão mente/corpo. O dr. Chopra chega a dizer no mesmo artigo "que a forma pela qual aprendemos a ver o corpo humano não é correta, o corpo humano é um feixe dinâmico de energia, informações e inteligência que está se renovando constantemente e realiza trocas com o campo maior de energia, informações e inteligência que chamamos de universo". Ele diz que é "fundamentalmente o movimento da consciência que se expressa" como os processos de comer, respirar, digerir, metabolizar e eliminar. E, se pudéssemos ver essa consciência em atividade, "veríamos quão desembaraçadamente, quão facilmente você pode mudar seu corpo e, na verdade, é o que está fazendo o tempo todo".

O dr. Chopra acrescenta que "os cientistas estão começando a ver que não são os pensamentos que são produtos das moléculas mas que, na verdade, as moléculas é que se estruturam a partir de flutuações das informações num campo que contém uma quantidade infinita de informações. Estão começando a ver que a consciência é que é o fenômeno e a matéria é que é o epifenômeno. É a consciência que concebe, governa, constrói e se transforma de fato em matéria física". Pensamentos criam moléculas. Mensagens são transmitidas do corpo mental para o corpo emocional e depois ao corpo físico. Ou diretamente do corpo mental para o corpo físico. Essa é a compreensão essencial para proceder à transmutação.

Nos últimos dois anos levei o corpo ao extremo dormindo de duas a três horas por noite, em média – antigamente eu precisava de 8-10 – e, uma vez por semana, às vezes mais, ingerir substâncias tóxicas para sentir seu sabor e ter prazer sem consideração por seu valor nutritivo. E descobri que a gente pode ficar perfeitamente alimentada com o prana e ainda ter um certo nível de toxicidade, como uma análise recente de meu sangue mostrou. Percebi intuitivamente que tinha chegado a um ponto em que seria bom dar ao corpo um pouco de cuidado carinhoso. Para mim, significa simplesmente descansar um pouco mais e ingerir bocadinhos de substâncias que não sejam irritantes, como um suco, em vez de café, numa situação social.

As pessoas que se alimentam de prana e "beliscam" alguma coisa uma vez por semana acabam tendo um sistema incrivelmente puro e refinado. Os que vivem de prana e de um copo de água ocasional não têm toxicidade de comida a eliminar. Os que desfrutam o prazer de um bocado ocasional de alimento sólido podem optar por substâncias naturais ou entrar no jogo da transmutação consciente. Tanto o jogo da alimentação prânica quanto da transmutação consciente nos dá acesso à nossa capacidade criadora inerente, e também expande nossa consciência para reconhecermos a natureza ilimitada de nosso ser.

CAPÍTULO 22

O Equilíbrio de SER

As informações que acabei de dar sobre transmutação concentram-se na possibilidade de ser alimentado pelo prana e também de transmutar qualquer alimento tóxico que você ingerir por prazer emocional. Dizem respeito basicamente à mente/corpo – às ligações entre neuropeptídios e receptores – e seu objetivo é afirmar que as pessoas podem aprender a ser donas de seu ser.

Vários experimentos, inclusive uma série feita com ratos na Stanford University, demonstraram que as plantas e os animais usam feromônios para comunicar emoções. Segundo o dr. Chopra, essas descobertas levaram os neurobiólogos a aceitar a idéia de que "na verdade, os feromônios podem ser o substrato molecular de nossas emoções." Os experimentos levaram especialistas a concluir que para cada emoção que temos, existe uma contrapartida, um evento molecular que ocorre dentro do corpo. Mas – e esse é o ponto essencial – esses feromônios também são liberados no ambiente como substrato das informações. São, na verdade, mensageiros moleculares que transmitem as emoções ao mundo externo. Isso explicaria como percebemos a tensão numa sala ou sentimos a raiva reprimida de alguém.

O dr. Chopra liga essas descobertas ao mais antigo dos textos, os Vedas, que dizem que "se você conseguir se lembrar de quem é, vai reconhecer subitamente que, na verdade, é o criador... Assim como é o átomo, é o universo; assim como é o microcosmo, é o macrocosmo; assim como é o corpo humano, é o corpo cósmico; assim como é a mente humana, é a mente cósmica". Ele chega a chamar a mente cósmica de "um campo de informação não local com laços de *feedback* cibernético de auto-referência" e explica que nossos corpos "são literalmente a música da natureza" e fazem parte de uma sinfonia eterna.

A questão é que a cura gira em torno do SER em equilíbrio e que, num nível quântico, somos literalmente sistemas de energia. Qualquer um que tenha pesquisado a física quântica e/ou a obra de Deepak Chopra e sentiu energia durante uma meditação, sabe que se trata de um fato, quer a ciência e a medicina ocidentais consigam ou não confirmá-lo de maneira conclusiva.

Quando adotamos a terminologia da física quântica e vemos a questão da saúde sob um ponto de vista esotérico, podemos dizer que a saúde está ligada à harmonia das ondas de energia – quer essa energia se manifeste como matéria, luz, som OU emoções, OU pensamentos. Portanto, a saúde é uma questão de adquirir e manter um equilíbrio sutil entre nossos corpos físico, emocional, mental e espiritual.

No meu caso, a transição para viver de luz foi fácil e harmoniosa para o meu corpo. No entanto, o meu corpo emocional ficou ligeiramente desequilibrado durante alguns anos. O remédio foi gerar prazer emocional e "mimá-lo" permitindo-lhe desfrutar dos sabores de vez em quando. Mas isso perturbou o corpo físico e tive de usar meu poder mental para recuperar o equilíbrio. Nosso sistema de quatro corpos é um sistema de energias dinâmicas, interconectadas. Depois de tomar consciência disso, podemos aprender a discernir o desequilíbrio em um dos sistemas e a manipular essas energias para restaurar a harmonia e a saúde.

Descobrir a mistura certa de energia para criar a vida que queremos é como preparar um bolo. O tipo e quantidade dos ingredientes determina o tipo e o sabor do bolo. Um amigo meu descreveu-se recentemente como um tipo polígamo. Ele viaja muito e gosta da idéia de "uma mulher em cada porto". Gosta da excitação da caçada e ela alimenta seu corpo emocional. Outros amigos chegaram à conclusão de que gostam de uma relação monogâmica profunda e significativa. Essas duas maneiras de ver as relações humanas mostram como somos diferentes uns dos outros e que todos temos de descobrir a mistura certa de energia e de nos concentrar para colocar nossa vida individual num equilíbrio prazeroso. Autodomínio é domínio dos campos de energia – nossa mistura dos corpos físico, emocional, mental e espiritual – e a verdadeira saúde é a saúde de todos os quatro.

Há inúmeros métodos para nos sintonizar conscientemente. Uma sintonia perfeita acontece quando escolhemos conscientemente ter alimentos de qualidade, emoções de qualidade e pensamentos de qualidade em todos os momentos do dia. A meditação e a reprogramação também nos ajudam a redefinir nossas respostas às lembranças e a seu impacto energético. Como diz o dr. Chopra, "relacionamos os estímulos a certas lembranças e toda vez que somos expostos a esses estímulos reinventamos o universo e a nós mesmos de acordo com essas lembranças. Estima-se que o ser humano médio tem 60 mil pensamentos por dia. O desconcertante é que 90% dos pensamentos que você tem hoje são os mesmos que teve ontem". Meditando regularmente e reprogramando conscientemente nossas configurações emocionais e mentais, podemos romper esse ciclo habitual e limitador.

Individualmente, nós nos tornamos aquilo que pensamos; coletivamente, nós nos tornamos aquilo que vemos. "Se quiser recriar o mundo, olhe para ele com olhos virgens" (Senhor Shiva). Toda a nossa realidade vai mudar se, em lugar de ver o mundo de um ponto de vista que acentua carências, discórdias, desarmonias e diferenças, olharmos apenas para a perfeição divina e pedirmos para estar num equilíbrio sincrônico perfeito com a força da criação. Bem-aventurança significa sentir-se feliz sem nenhum motivo aparente. Um indivíduo bem sintonizado é um bem-aventurado.

A saúde perfeita é também um poder perfeito: o poder de regenerar o corpo, de interromper o processo de envelhecimento, de manter o corpo físico num estado de imortalidade para abrigar nossa alma imortal. A imortalidade física permite-nos estar alegres aqui enquanto fazemos nossa parte no projeto divino. Quando concluímos nossa tarefa, podemos subir com o corpo para a luz ou abandoná-lo, dependendo da orientação que recebermos no momento.

A idéia de alimentação prânica e depois saber se você vai optar por comer ou não precisa ser mantida em perspectiva. Embora essa capacidade "recém-descoberta" de viver de prana possa preocupá-lo inicialmente, com o tempo, à medida que a conexão com o Ser Interior Divino se aprofundar, você vai descobrir que está se envolvendo mais com a realização de seu projeto pessoal de ser, o papel que concordou em vir aqui para desempenhar. Em minhas viagens pelo globo, ouço muito freqüentemente falar do fascínio (ou incredulidade) com "as pessoas que não precisam comer". Nunca ouvi ninguém perguntar, "Já ouviu falar de pessoas tão alinhadas com seu Deus Interior que esse Deus Interior satisfaz todas as suas necessidades, inclusive a de alimentá-las?"

Também já me deparei com pessoas que perguntam, "Será que alguém pode viver de prana?" A resposta é, "Claro que sim!" Independentemente de sua cultura, crenças, raça ou religião, qualquer um pode assumir o compromisso de conhecer o Ser Interior Divino, senti-lo e vê-lo expressar-se em todos os momentos de sua vida. E depois que chegamos realmente a conhecê-lo e senti-lo, então sim, ele nos sustenta em todos os planos, inclusive no de nos alimentar. Se a alimentação prânica, a cura de si mesmo, a auto-regeneração, a reformulação das imagens e a imortalidade excitam nossa mente e nos fazem perguntar se temos realmente a capacidade de realizar tudo isso, desfrute o discurso que Jesus fez às pessoas que o viram ressuscitar um homem...

Trecho de *The Life and Teachings of the Masters of the Far East [A Vida e os Ensinamentos dos Mestres do Extremo Oriente]:*

"Quando somos um com a soma de todas as inteligências e nos reconhecemos como parte genuína dessa soma de inteligências e sabemos conclusivamente que esse é o grande princípio, Deus, logo tomamos consciência do fato de que toda a inteligência de todo o universo cósmico está trabalhando conosco. Logo percebemos também que a inteligência de todos os grandes gênios, bem como a pequena mentalidade de cada célula do corpo, está trabalhando conosco em perfeita harmonia e concordância. Essa é a Grande Inteligência Cósmica com a qual estamos aliados de forma positiva. Na verdade, somos essa inteligência: somos a consciência que o universo tem de si. No instante em que sentimos exatamente isso, nada pode nos afastar da Divindade".

ADENDO À 2ª EDIÇÃO

PREPARE-SE PARA RECEBER O PRANA

Se você quer passar pelo processo de 21 dias e já pesquisou tudo sobre a questão, já leu *Viver de Luz*, de Jasmuheen (também intitulado *Alimento Prânico*), o próximo passo é perguntar-se: você está preparado?

Fisicamente preparado e capaz de fazer pelo menos uma hora inteira de exercício por dia sem problemas? Recomendo um treinamento variado para você obter força, graça, flexibilidade e vigor: levantamento de peso, caminhada, ioga, ginástica isométrica, dança, artes marciais etc.

- Você é vegetariano há pelo menos alguns anos?
- Antes de dar início ao processo, você está preparado para se tornar vegetariano durante 6 meses, depois passar a líquidos durante mais 6 meses antes de começar o processo dos 21 dias?
- Você já fez tudo o que estava a seu alcance para desintoxicar seu sistema físico?
- No decorrer dos anos você aprendeu a ouvir a voz de seu corpo e tratá-la como um oráculo?

Emocionalmente preparado - você tem um bom relacionamento com a família e os amigos? Está de bem com a vida e feliz em ser quem você é? Já resolveu seus problemas pessoais e agora só deseja servir e fazer com que sua vida aqui faça uma diferença positiva para o planeta?

- Já sentou para pensar e perguntou-se por quê deseja fazer isso?

Mentalmente preparado – você SABE que cria sua realidade e já teve experiências concretas disso? Exercita o domínio da mente e por isso sente os benefícios dos pensamentos positivos e da programação na prática?

- Você tem uma ligação forte entre corpo e mente?

Espiritualmente preparado – você tem meditado regularmente, o bastante para sentir a presença da Divindade Interior (DI)? Já percebeu os benefícios que a meditação diária traz para a sua vida?

- Já aprendeu a ouvir e a confiar na voz da Divindade Interior quando ela está orientando você na vida?

Nos últimos tempos, você sente uma felicidade profunda ao descobrir informações sobre esse processo – a ponto de dizer que simplesmente "sabe" que é para você?
Entende que o processo de 21 dias não vai "resolver todos os seus problemas" – e que o oposto pode acontecer se todos os seus problemas vierem para o primeiro plano e que podem parecer piores?

Se não puder responder "sim" a todas as perguntas feitas acima, recomendo-lhe que espere para realizar o processo de 21dias. Lembre-se de que um nível elevado de iniciação e êxito em ser constantemente alimentado pelo prana depois do processo depende inteiramente das questões apresentadas acima. A manutenção desse modo de vida requer disciplina diária, dedicação e coragem.

Durante os últimos 5 anos de minha pesquisa, ouvi muitas histórias de pessoas que estavam fisicamente preparadas graças a exercícios, alimentação à base de alimentos crus etc., e que não chegaram a ser nutridas pelo prana, embora tenham passado pelo processo exatamente da forma apresentada neste livro. Também conheci muita gente que estava muito bem preparada espiritualmente e tinha uma longa história de meditação, mas que se deparou com muitas dificuldades, por não estar fisicamente preparada. E também conheci muitos outros fisicamente preparados, que tinham meditado durante muitos anos, mas que não empregavam o domínio da mente em sua vida e, por isso, não estavam convencidos de que criam sua própria realidade.

Somente em alguns casos as pessoas que não estão preparadas em todos os planos chegam a uma cura impressionante depois de passar pelo processo de 21 dias e, sim, embora alguns tenham se curado, outros sentiram que seus problemas se agravaram. Por quê esse processo dá certo para alguns e não para outros parece ser uma questão de graça divina.

Mesmo compreendendo que o tipo de pessoa atraído por isso costuma ser muito forte e não é daqueles que precisam que lhes digam o que fazer, eu gostaria de enfatizar que todos os que se propõem fazer esse exercício devem ouvir o bom senso, ter prudência e ouvir seu corpo e a DI a cada passo do caminho. Por isso fizemos as perguntas acima: para saber com certeza se você está bem preparado e pode usufruir a viagem sem problemas desnecessários. Mais questões sobre nosso processo serão discutidas em nosso novo livro, *Os Embaixadores da Luz – Viver de Luz.*

Com amor, luz, alegria

Jasmuheen

A TRANSIÇÃO PARA O ALIMENTO PRÂNICO E PERDA DE PESO COM JASMUHEEN

Continuamos desenvolvendo novos programas e abordagens ao problema de perda de peso e tivemos êxito. Quem trilhou esse caminho teve bons resultados. Eis aqui o que descobrimos:

1. Em primeiro lugar, pare de se pesar – pese-se somente uma vez por mês. Toda vez que sobe na balança e descobre que emagreceu, você reforça o sistema de crenças de que "não está funcionando, talvez eu não consiga viver de prana etc." Por um motivo qualquer, os homens levam mais tempo que as mulheres para fazer com que seu corpo aceite totalmente que podem ser alimentados dessa maneira.

2. Programe seu corpo para estabilizar no peso perfeito para você. Depois é só adotar a atitude de que "é claro que ele vai se estabilizar" e **esquecer o assunto**! Poder mental de novo, afinal você é o senhor de seu corpo "inferior"!

3. Depois disso, você **não** precisa passar pelo processo de novo a menos que a DI o aconselhe a fazer isso! Você sabe quando sente uma felicidade profunda à simples menção do processo.

   Seu corpo pode viver facilmente de prana sem passar por nenhum processo. O processo é um placebo que nos faz acreditar em nosso poder de fazer algo que esquecemos que temos condições de fazer. Também é uma iniciação, quando a DI dá um presente a cada iniciado.

   Para um amigo meu, durante o processo de 21 dias, a DI deu-lhe o presente de mudar o foco e a energia mental do sexo – 8 horas por dia – para sua empresa. Com resultados excelentes. Para outro, deu-lhe o presente de continuar vegetariano e nunca mais tocar em carne (ele comeu carne imediatamente antes do processo).

   O processo não diz respeito a comer ou não comer carne. Mas, se quiser deixar de comer carne, esse é o procedimento que pode dar certo com você:

a) Pare de se pesar. Programe seu corpo para estabilizar no peso perfeito para você. Depois é só adotar a atitude "é claro que ele vai estabilizar" e esquecer o assunto! Poder da mente, mais uma vez.
b) Pare de comer tudo que não seja cru. Jejue tanto quanto quiser. Adicione um creme de soja com 1 ou 2 bananas, e tempere a gosto.

c) Faça isso até você se sentir muito bem em todos os planos.
d) Pese-se uma vez por mês para ver se seu peso se estabilizou. Se não tiver se estabilizado, relaxe e confie em que seu programa vai funcionar. Espere ficar saudável, forte e bem nutrido apesar disso!
e) Comece ou continue um programa de exercícios que seja uma opção em termos de modo de vida para manter você **em boa forma** em **todos** os níveis, para poder responder "sim" a todas as perguntas sobre seu preparo em todos os planos.
f) Faça musculação, se possível – você pode usar técnicas de visualização para ajudá-lo nesse sentido. Músculos fortes suportam uma radiação maior de sua DI através do corpo físico.
g) A capacidade de alimentar-se de prana depois do processo está **diretamente** relacionada com sua boa forma em todos os níveis. Quanto melhor você estiver em todos os níveis, tanto mais eficientemente Aquele que o alimenta pode irradiar-se através de você e alimentá-lo projetandoseus campos através de seu ser. A boa forma bombeia o volume que você pode assimilar. Se você está se sentindo cansado, doente, perdendo muito peso, é porque não está irradiando sua DI suficientemente. Concentre-se nela em primeiríssimo lugar!
h) Faça o Exercício de Respiração Pranayama – respire ritmicamente e diga a cada respiração: "Inspiro prana e luz líquida. Eles enchem minhas células e meu ser. Alimentam-me e sustentam-me num estado de saúde perfeita e felicidade na Terra... etc., etc." Diga o que se sentir levado a dizer, seja o que for. Visualize simultaneamente que você está absorvendo prana através de todos os poros de sua pele.
i) Estabeleça um objetivo de viver exclusivamente de prana a partir de ... (sua data)... e depois peça à Divindade Interior para manter sua transição para esse momento com facilidade e graça.
j) Peça à DI qualquer outra orientação de que você precisar, e peça-lhe para que ela lhe seja dada de uma forma que você REALMENTE A ENTENDA.
k) Pergunte à DI se esse modo de vida é realmente parte de seu projeto de ser agora e diga-lhe que, se for, para Ela eliminar todos os bloqueios que existirem em seus campos que podem estar impedindo você de adotar esse modo de vida agora.
l) Quando seu peso se estabilizar com os mingaus e alimentos crus, coma somente mingaus e alimentos crus. Faça isso pelo tempo que quiser – espere que seu peso se mantenha estável.

m) O passo seguinte é parar de comer frutas – tome somente líquidos, mingaus, chás, água etc. Espere também manter-se saudável, com peso estável etc.
n) Quando puder dizer que seu peso se estabilizou e se sentir muito bem vivendo com uma dieta simples assim, procure eliminar a banana do mingau e, depois, o próprio mingau. E assim por diante. Não há porque ter pressa e fracasso é uma coisa que não existe.
o) Experimente e trabalhe nisso com sua DI.

◆

◆